AI時代に差がつく

仕事に役立つ数学

鈴木伸介
Suzuki Shinsuke

小学館新書

はじめに

「数学って仕事の役に立つのか？」

この本のタイトルを見て疑わしく思った方。これは、あなたのための本です。受験が終わり、数学ともおさらばした後、ずっと数学とは無縁の人生を送ってきたという人も多いと思います。

はっきり申し上げます。だとしたら、かなり不利な条件で仕事をしていることになります。たとえるなら、競争相手はスパイクを履いて走っているのに、自分は裸足で走っているようなものです。裸足でも走れなくはないし勝てるかもしれません。ですが、それほどの能力を持つ人がスパイクを履いたらどうでしょう。もっと楽に、もっと好成績を出し続けることが可能です。

仕事に数学を使うとは、このようなものです。

本書を読んでいただくと、「こんな便利なものを知らずに仕事をしてきたのか！」と思われることと思います。

申し遅れました。私は株式会社数学アカデミー代表取締役の鈴木伸介といいます。

これまで小学生の算数から、難関大学の受験数学指導と、幅広い層の数学教育に携《たずさ》わってきました。現在は医学部受験に特化した数学のマンツーマン指導の事業を行なっています。

その一方で、社会人を対象に、数学の価値・面白さ・使い方を教える活動にも力を入れています。大人向けの数学教室、数学検定講座・ビジネス数学検定講座・統計検定講座などの講師・教材作成なども手がけてきました。企業での数学リテラシー向上を目的とした社員研修、大手資格学校での中小企業診断士講座の講師といった活動もしています。

また私自身、中小企業診断士としてビジネスコンサルティングもやらせてもらっています。企業のデータ分析をベースにした戦略策定などです。

簡単にいうと、「数学とビジネス」を生業《なりわい》にしている人間ということになります。

様々な場で、様々な人に数学を教え、様々な「数学観」を見てきた私が思うのは、

「数学をもっと身近に感じてほしい」

「数学との距離をもっと縮め、もっと気軽に数学に関わってほしい」

ということです。

数学と聞くと、昔のつらい経験や苦い記憶がよみがえってくる人も多いのでしょう。「数学は嫌い」「数学は敵」という学生時代のイメージが染み付き、こびりついているのかもしれません。

断言します。数学を仕事に使わないともったいないです。

大丈夫です。数学は今からでも挽回できます。

大人は「数学問題を解く」のではなく、「数学を使う」ことさえできればいいのですから。

本書では、実際の仕事の中での数学の使い方を紹介しています。

ただ、「数学」とは銘打ちながら、数学的な〝匂い〟はほとんどしないはずです。

数学の本というと、どうしても概念的な説明が色濃くなってしまいがちですが、本書は

それに真っ向から勝負を挑んでいます。

本書は、「実用書」です。今すぐあなたの仕事に役立つノウハウをお伝えします。

本書に登場する数学は、中学数学とほんの少しの高校数学です。とはいっても、簡単な1次方程式が少しと、平方根《へいほうこん》（√ルート）がたまに出てくるぐらいです。

なので、仮に数学に苦手意識があっても大丈夫です。すべて忘れていてもまったく問題ありません。

また、計算が大の苦手という方もご安心ください。大人には表計算ソフトという〝武器〟があります。仕事で数値を処理したりデータを扱ったりする上で複雑な計算が必要になるところでは、公式を紹介する代わりにエクセルを使った手法を紹介しています。

もしかしたらエクセルもあまり触らないという方もいるかもしれません。そんな方にも実際に手を動かしながら実践してもらえるように、画面を用いて説明する形式を取って「本当に使える」ことを徹底しました。

ＡＩ（人工知能）、ＩｏＴ《アイオーティー》（モノのインターネット）、ビッグデータ（巨大なデータ群）に代表される近年の技術革新は、第４次産業革命ともいわれています。私たちの暮らしを便利にしてきた科学技術や情報技術が数学の上に成り立っています。私たちは数学の恩恵のもとで豊かに暮らすことができています。

ところが昨今、状況は少しずつ変化しています。「ＡＩに取って代わられる仕事」の中に自分の仕事が該当していて不安になった、という人もひょっとしたらいるかもしれません。

「数学は苦手だから」で逃げられない世界が、少しずつ近づいてきている印象もあります。

ですが、私はこう感じています。

ＡＩの技術が急速に高まっているとはいえ、ＡＩにはまだまだ「決められたこと」しかできません。人間からの「これをしてほしい」というオーダーがあって初めて、ＡＩは動きます。

私たちは「考える」ことができます。自分で動くことができます。

エクセルやＡＩが得意なことは、そちらに任せましょう。本当に大事なのは、私たちがどういう意図を持って、どんな目的で、数学をどう使うか、ということです。

そのための発想、考え方、アプローチの仕方を本書では数多く紹介しています。

「この本を読み進めていたら、気づけば数学的な考え方ができるようになっていた」——本書を通じて、もしそう感じてもらえたなら、筆者としてこれほど嬉しいことはありません。

ぜひ楽しむ気持ちを大切に、ワクワクしながらページをめくってみてください。

では、始めていきましょう。

仕事に役立つ数学

目次

※エクセル（Microsoft Excel）はマイクロソフトの表計算ソフトです。
マイクロソフトの許諾を得て使用しています。

第1章

「割合」で目標を可視化する

「割合」を知らないと損をする？

新型コロナ禍以降、私たちの馴染《なじ》みの商品が次々と値上げされました。その品目数は1万にも2万にも上るといわれています。値上げが続けば家計は圧迫され、買い控えが進むことも予想されます。

すると今度は困るのは企業側です。「何とかウチの商品を買ってほしい」と様々な販促キャンペーンを打つことになるかもしれません。

たとえばある量販店が、【期間限定！　消費税還元全品10％OFFセール】というキャンペーンを打ち出してきたとしましょう。私たち消費者からすると、10％の消費税がまるまる安くなるのでお得です。

せっかくのチャンスということで、前から買おうと考えていた物も含めて、ちょうど税抜1万円分（本体価格）の買い物をしたとします。消費税が10％で、その10％引きなので、普通の感覚では代金は本体価格のまま1万円だと思いますね。

ところが合計金額を見ると、9900円でした。

何かの間違いかな？　と思って店員さんに確かめてみますが、やっぱり支払額は9900円のまま変わらず、です。

「100円得した！」と思って、いい気分で買い物を終えました。

さて、これはどこか間違っているのでしょうか？

何に対する割合か？

直感的には「10％増えたものが10％減ったのに、どうして元に戻らないの？」と感じるかもしれません。でも、実は少し考えれば、これが正しい金額であることがわかります。

％とは「**割合**」です。そして**割合を考える時は、常に「何に対する割合か」を意識しておく**ことが重要です。

消費税の10％とは当然、元の価格（本体価格）に対する10％のことをいっています。本体価格は1万円で、その10％とは、1万円に0・1を掛ければOKです。すると、

1万円×10%（＝0・1）＝1000円

と計算できます。つまり税込価格は1万1000円というわけです。

一方、10%引きの対象となるものは、税込価格である1万1000円のほうです。「何に対する割合か」の基準となる額が前の計算とは違ってきます。

実際に税込価格1万1000円の10%分がいくらかを計算してみると、

1万1000円×10%（＝0・1）＝1100円

になります。ですので、10%引き後の価格は、

1万1000円－1100円＝9900円

となります。つまり、支払額が9900円というのは正しかったわけです。

■10%増と10%減を一度に計算する

今は10%増と10%減の計算を分けてしましたが、一度に計算することもできます。10%増とは×1・1倍、10%減とは×0・9倍なので、一度に、

1万円×1・1×0・9

と計算することができます。中学生時代に習ったと思いますが、掛け算は計算する順序を変えても、結果が変わらないという性質があります。そこで「1・1×0・9」の部分だけを先に計算してみます。この部分は、

1・1×0・9=0・99

となります。ということは、「10%増の10%減」を計算すると、結局0・99倍と同じに

なります。元の価格の「1％減」と同じことになるわけです。

感覚的には不思議な感じがしますが、数学的にはこれが正しい結果です。

■10％減らしてから10％増やしたら？

ちなみに今は「10％増やしてから10％減らす」ことを考えましたが、逆に「10％減らしてから10％増やす」とどうなるんだろう？　と疑問に思うかもしれません。最終的な結果は増えるんでしょうか？　減るんでしょうか？　これも実際に計算してみましょう。

1万円×0・9(10％減)×1・1(10％増)

実はこれは先ほどと同じように0・9×1・1＝0・99なので、結局1万円の0・99倍になって、まったく同じ結果になります。

つまり、「10％増やしてから10％減らす」場合も、「10％減らしてから10％増やす」場合も、結果は変わりません。

ちなみに、「20％増の20％減」は、

1・2×0・8＝0・96

と、4％減になります。そして「30％増の30％減」は、

1・3×0・7＝0・91

で、9％減になります。

これには、規則性がありますね。10％では「1×1＝1％減」、20％では「2×2＝4％減」、30％は「3×3＝9％減」になっています。

じゃあ、「50％増の50％減」はというと、そう、「5×5＝25％減」になります。これは偶然ではなく、きちんとした数学的な根拠がある事実です。

たとえばあなたが小売店の店長をしていたとしましょう。

商品に対して原価の30％の利益を見込んで定価をつけた商品がありました。ところがまったく売れなかったため、仕方なく値下げに踏み切ることにしました。

このとき、「最悪、利益はゼロになっても仕方ない」と思って30％ＯＦＦで販売した場合、実は原価割れしてしまっていることになります。しかも、なんと原価の９％もの赤字を出してしまうことになるのです。

このように「割合」の性質をちゃんと知っておかないと、思わぬところで損をしてしまうことになるかもしれません。わかっているようで実はわかっていない「割合」――結構バカにできません。

「増加率」で成長の様子が見える

仕事では「成長し続けること」が問われます。

私も会社員を経験した後に独立し、自身の会社を設立して7年が経《た》ちました。その間、毎年「去年より売上を上げよう」「去年より利益を増やそう」という気持ちが1つのモチベーションになっていることは間違いありません。

会社や個人の「成長」には、大きく分けて、「目に見えない成長」と「数値で見える成長」がありますが、わかりやすいのは何といっても数値で見える成長です。

ここでは「数値で見える成長」に焦点を当てていきたいと思います。

■成長は「引き算」と「割り算」で見る

「数値的な成長」とは、端的にいうと「去年より今年、今年より来年の数字を上げる」ということになります。つまり去年と比較して今年は増えたか減ったか、という話になるのですが、これを判断するための数値の扱い方には2種類あります。

1つは**「引き算」で見る方法**です。「今年の数値－去年の数値」がプラスであれば、数値は増えています。逆にこれがマイナスであれば、数値は減っています。

もう1つが**「割り算」で見る方法**です。「今年の数値÷去年の数値」（これは「今年の数値／去年の数値」と書いても同じ意味です）が1より大きければ、数値は増えています。逆にこれが1より小さければ、数値は減っていることになります。

つまり増えたか減ったかについて、「引き算」では符号（プラスかマイナスか）、「割り算」では1より大きいか小さいか、で判断します。当たり前の話ですが、いま一度の確認です。

たとえば、去年の売上が1500万円で今年の売上が1800万円だった場合を考えてみます。「引き算」で判断すると、

1800（今年）－1500（去年）＝300

となるので、プラス300万円、つまり今年は去年に比べて300万円売上が増えてい

る、と計算できます。

続いて「割り算」で考えましょう。これは結局、今年の売上は去年に比べて何倍になっているか、という計算で、

1800(今年)/1500(去年)=1・2倍

となります。この結果は1より大きいので、数値が増えていることが確認できます。

■エクセルで増加額と増加率を計算する

ところで、基準に対してどの程度の量なのかを表わす方法として、%がよく使われます。1・2倍を%で表現すると120%となりますね。これはつまり、去年の売上を基準にした時に、今年はその20%分増加している、ということを表わしています。

この「去年より何%増えたか」を表わす数値を、「**増加率**」あるいは「**成長率**」といいます。仕事をしていると、この増加率は本当によく見かけます。

さて、ここでTさんに登場してもらいましょう。

Tさんの仕事は、フルコミッション（完全歩合制）の営業です。完全歩合制ですので、営業成績がそのまま自分の給与に直結します。

Tさんの過去5年間の給与は表1のとおりでした。毎年順調に給与を伸ばしており、来年は念願の1000万円超えが見えてきたところです。この仕事に就《つ》いて5年が経過した今、Tさんは改めてこの期間の成績を振り返ってみることにしました。

毎年どれだけ増えているかを見るための指標として、先ほど挙げた「増加額」と「増加率（成長率）」の2種類があります。

そこで、2年目から5年目までそれぞれについて、増加額と増加率を計算していきましょう。ひとつひとつ電卓で計算してもよいですが、世の中にはまとめて計算をしてくれるとても便利なツールがあります。そう、皆さんよくご存じのエクセルに代表されるような表計算ソフトです。本書では、随所でエクセルを使った計算の方法をご紹介していきます。

表1 Tさんの給与額の推移

経過年数	1年目	2年目	3年目	4年目	5年目
給与額	650万円	670万円	740万円	860万円	970万円

超便利！

エクセルを使った「増加額」の計算

横に並んだ数字を「行」、縦に並んだ数字を「列」といい、それぞれのマス目（セル）は「A1」「B2」などと表わされます。

❶ 下のような表を作り、1～5年目までの給与額を入力します。

❷ たとえば2年目の増加額（C3）は、2年目の給与額（C2）から1年目の給与額（B2）を引くことで計算できます。それには、C3のセルに「=C2-B2」と計算式を入力すればOKです。なお、「C2」や「B2」と入力する場合はキーボードで直接入力しなくても、それぞれのセルをクリックすれば自動的に反映されます。

C3 =C2-B2

	A	B	C	D	E	F
1		1年目	2年目	3年目	4年目	5年目
2	給与額	650	670	740	860	970
3	給与増加額		20	70	120	110

❸ エクセルには「オートフィル」という便利な機能が備わっています。これは、計算式を自動で連続的にコピーしてくれる機能です。たとえばオートフィルでC3のセルをF3までコピーすると、D3には「=D2-C2」、E3には「=E2-D2」と自動で1つずつずらした数式を入力してくれます。

❹ オートフィルの操作方法は、コピーしたいセルを選択した状態でセルの右下にカーソルを合わせると「+」の形が細くなり、白から黒に変わりますので、その状態でF3のセルまで横にドラッグすればOKです。そうすると、各年の「給与増加額」が上の図のように計算されます。

超便利!

エクセルを使った「増加率」の計算

❶ 2年目の増加率は、「（2年目の給与増加額）／（1年目の給与額）」という計算式で出すことができます。ですので、2年目の増加率のセル（C4）に、「=C2/B2-1」と入力すればOKです。エンターキーを押すと計算結果が表示されます。

なお、C4のセルは小数表記でもいいですが、％表記のほうが見やすいことが多いでしょう。ここではセルの数値を％表示に設定しておくことにします（右クリックから「セルの書式設定」→「表示形式」→「パーセンテージ」で設定できます）。

C4　　fx =C2/B2-1

	A	B	C	D	E	F
1		1年目	2年目	3年目	4年目	5年目
2	給与額	650	670	740	860	970
3	給与増加額		20	70	120	110
4	給与増加率		3.1%			

❷ あとは同じように、C4のセルをF4までオートフィルを使ってコピーすれば、各年の「給与増加率」が下のように計算できます（小数点第2位以下は四捨五入されています）。

C4　　fx =C2/B2-1

	A	B	C	D	E	F
1		1年目	2年目	3年目	4年目	5年目
2	給与額	650	670	740	860	970
3	給与増加額		20	70	120	110
4	給与増加率		3.1%	10.4%	16.2%	12.8%

■変化がわかりやすいのは？

ここまで「増加額」と「増加率」の２種類の表わし方を紹介してきました。さて、この２つの方法のうち、増加の移り変わりの様子がわかりやすいのはどちらでしょう？

おそらく「増加率」のほうではないでしょうか？

私たちは、「去年に比べてどれくらい増えているか」を考えたい時に、その**増えた数値そのものよりも、元の数に比べてどの程度（何％）増えたのか、を見たほうがイメージしやすい**ことが多いです。「そんなこと、知ってるよ」と思われる方もいるかもしれません。

でも、当たり前と思うことこそ、基礎から学ぶ必要があります。

たとえば「去年より給与が50万円増えた」という場合に、Aさんは３００万円から３５０万円になった、一方Bさんは１０００万円から１０５０万円になったとします。この場合、Aさんにとっての50万円の給与アップと、Bさんにとっての50万円の給与アップの意味合いは、全然違うはずです。

これは、「50万円給与が増えた」という部分だけでは見えてこないことです。

一方、％表記つまり「増加率」で書くとどうでしょう？

Aさんは、300万円に対する50万円増なので、

50／300＝0・166……＝約16・7％

つまり、約16・7％給与がアップしたわけです。それに対しBさんは、1000万円に対する50万円増なので、

50／1000＝0・05＝5％

と、給与のアップは5％です。Aさんは約16・7％アップでBさんは5％アップですので、その差は一目瞭然です。

Tさんの給与に話を戻しましょう。「給与増加額」の20→70→120→110の数字を

追うよりも、「給与増加率」の3・1％↓10・4％↓16・2％↓12・8％の数値の推移を見るほうが、より鮮やかにその成長の様子がわかるのではないでしょうか？

この推移から、「最初はやや苦労したが、その後急激に成長し、この1年は伸び率が減った」と、この5年間の様子がこんなに短い表現で端的に書けるわけです。

冒頭で、ビジネスは成長が前提という話をしました。そして、成長とは簡単にいうと数字が増えるということです。つまりビジネスとは数字の伸びを目的としているわけで、そのためには数字の伸びの計算に慣れておく必要があります。

ですので、増加率（あるいは成長率）の意味とその計算方法、そして数値の見方をしっかりと身につけておきたいところです。

次項以降は、ビジネスで使う％について、さらに話を進めていきましょう。

「幾何平均」で将来の成長を予測する

前の項では、完全歩合制の営業パーソンTさんのこれまでの営業成績を振り返りました。そして、毎年の「増加額」と「増加率」を計算し、「増加額」と比べて「増加率」のほうが成長の様子がわかりやすい、というお話をしました。ここからは将来のことを考えます。

もちろん未来がどうなるかなんて神様しか知らないわけですが、「このペースで進めばどれくらいの給与になるか」のシミュレーションをしておくことは大きな意味があります。

将来の給与をあらかじめ見積もって予測しておけば、自分自身の指針になります。そのとおりにいけば「順調」といえますし、そこから下回っていれば「うまくいっていない」、逆にそこを超えていれば「思った以上にできている」と判断できるわけです。

ですので、仕事をする上で、目安となる数値の道筋を立てておくことは重要です。もし現在、仕事上の数値目標（数値計画といってもいいです）を立てていないとしたら、今すぐ作ることをおすすめします。作るための時間は、それほどかからないはずです。

■成長は「率」で見る

では、Tさんの将来の数値計画を一緒に考えていきましょう。

未来は過去の延長上にある、と考えた場合、将来の計画を立てるのに過去の実績を参考にする、という発想は自然でしょう。いま一度、Tさんの過去5年間の「給与額」「給与増加額」「給与増加率」の一覧表を見てみましょう（表2）。

この過去の実績をもとに将来を予測するわけですが、そのための軸はここでも2つです。

1つは、過去の「給与増加額」を使って将来の計画を立てる方法、もう1つは、過去の「給与増加率」を使って将来の計画を立てる方法です（他にも「回帰分析」を使う方法もあります。これについては138ページで紹介します）。

表2 給与の「増加額」と「増加率」

経過年数	1年目	2年目	3年目	4年目	5年目
給与額	650万円	670万円	740万円	860万円	970万円
給与増加額		20万円	70万円	120万円	110万円
給与増加率		3.1%	10.4%	16.2%	12.8%

では「増加額」と「増加率」のどちらを採用するほうが適切でしょうか？　これは言い換えれば、毎年「一定数」で増えるのか「一定率」で増えるのか、の違いといえます。

結論からいうと、**成長を考える時は「率」で見る**ほうが一般的です。つまり、前年と比べて何倍になったか（何％増になったか）のほうを採用するということです。

前の項で、年収300万円の人にとっての50万円増と年収1000万円の人にとっての50万円増は違う、という話をしたように、基準の年収が違うわけです。

この場合、たとえば300万円の人の10％増（つまり30万円増）と1000万円の人の10％増（つまり100万円増）が同じ価値になる、というほうが理にかなっていることがわかるでしょう。

また、増加の額そのもので見るより増加率で見たほうが成長の様子がわかりやすい、ということもお話ししました。これも結局は同じことです。

ということで、これまでの「給与増加率」を参考に、将来の給与計画を立てていきましょう。

■率は「幾何平均」で考える

ところで、過去5年間（前年比でいうと4回分）の増加率は毎回バラバラです。大きく伸びた年もあれば、伸びが小さかった年もあります。この4回分の伸び率を適切に反映させた上での将来の伸び率を考えたいのですが、それにはどんな方法がふさわしいでしょうか？

いくつかの数値を代表した1つの数値で表わしたい時、私たちはよく「**平均**」を使います（「平均」については95ページでも詳しく紹介しています）。

平均というと普通は、「全部足してその個数で割る」として計算するでしょう。

たとえば、Tさんの過去5年間の平均給与額を考えたい場合は、

（650＋670＋740＋860＋970）÷5＝778万円

と計算すればOKです。

ところが「平均」にはいくつか種類があって、どの平均を使うのが適切かは、実は数値の性質によって変わってきます。

先ほどの平均給与のような「足してその個数で割る」平均の出し方を、「**算術平均**《さんじゅつ》」あるいは「**相加平均**《そうか》」といいます。純粋な「数」を扱う上では、この平均で十分です。

ただし、今回のような「率」を扱う場合は、「足して割る」の算術平均では正しい平均を計算することができません。「率」や「倍」という数値は、それ自体に「掛ける」という要素が含まれているからです。

今回のように「**バラバラな増加率を、毎回同じだけ「倍」されたと想定した場合に、その増加率はいくらになるか**」というタイプの平均では、「足す」処理ではなく「掛ける」処理で平均を考える必要があるわけです。

そんな時に登場するのが、「**幾何平均**《きか》」（**あるいは**「**相乗平均**《そうじょう》」）と呼ばれるものです。これは「率」の平均を計算するための方法になります。

■「幾何平均」の計算方法

幾何平均を計算するために、「**平方根**（**ルート**）」について説明しておきましょう。皆さん、中学校でその基本は学んでいますが、もう一度、復習です。

たとえば√4（ルート4）とは、「2乗して（2回掛けて）4になる数」のことです。2を2回掛ければ4なので、√4＝2となります。√は「2回掛けてその数になる」ことを意味することから、「**2乗根**《じょうこん》」と表現することもできます（「平方」とはそもそも「2乗」を表わしています）。

これを拡張して、「3乗して（3回掛けて）ある数になる」ような数を考えることもできます。これを「**3乗根**」（あるいは「**立方根**《りっぽうこん》」）といいます。

たとえば「27の3乗根」とは、「3回掛けて27になる数」のことです。3を3回掛けると27になる（3×3×3＝27）ため、「27の3乗根」は3となります。

さらに拡張すると、4乗根（4回掛けてある数になる数）や5乗根（5回掛けてある数になる数）を考えることもできます。これらをまとめて「**累乗根**《るいじょうこん》」といいます。

では、幾何平均の計算方法です。結論からいうと、**幾何平均は、「全部掛けてその個数の累乗根をとる」ことで計算**できます。

具体例で見てみましょう。

たとえば、2・5倍と3・6倍の「幾何平均」を計算してみます。

まず、2・5と3・6を掛けます。

2・5×3・6＝9

次に、「個数の累乗根をとる」わけですけれども、いま数値の個数は2個です。なので「9の2乗根（平方根）」をとります。

3を2回掛けるとちょうど9になるので、「9の2乗根」（いわゆる√9）は3となります。

つまり、2・5倍と3・6倍の幾何平均は、「3倍」ということになるわけです。

ちなみに、2・5と3・6の普通の平均（算術平均）をとると、

(2・5+3・6)÷2=3・05

となり、確かに値は違っています。もしこの3・05を「2・5倍と3・6倍の平均値」として扱ってしまうと、計算結果が間違ったものになってしまいます。

「√」はスマホで計算する

ところで、√9はきれいに3となりましたが、√3や√5、あるいは√1・637などの場合は計算が難しそうですね。でも、これも簡単に計算できるやり方があります。

「√」キーがついている電卓がある人は、それで計算できます。

たとえば√3を知りたければ、「3」の後に「√」を押します。1・732……とすぐに結果を示してくれます。確認のため、逆に1・732×1・732を計算してみてください。ちゃんと3(に近い数字)に戻ってくれるはずです。

たとえば√1・637といった√の中が小数の場合でも操作の仕方はまったく同じです。√1・637=1・279……と計算してくれるはずです。

そのような電卓が手元にない人でも、**スマホ**はありますよね？

iPhoneユーザーは、**電卓アプリ**が標準で入っているはずです。それを開いて、**スマホを横向きにしてみてください**。すると左側に見慣れないキーがたくさん表われますね。

その中に「$\sqrt[2]{x}$」というキーが見つかると思います。これがいわゆる普通の「√」（2乗根）です。

3をタップした後、この「$\sqrt[2]{x}$」をタップしてみてください。1・732……とちゃんと計算できているはずです。

Androidユーザーも、「√」の計算ができる電卓アプリがたくさん出ていますので、そちらを使うとよいでしょう。

スマホの電卓アプリなら√計算も超簡単

実は、スマホを使ったもっと簡単な方法があります。

それは**Google検索**です。Googleの検索窓に「ルート3」と入力してみてください。

なんと「1・732……」と結果が現われます。

またさらに「ルート1・637」と入れてもちゃんと1・279……と計算してくれます。

■〝最強〟ツールはGoogle検索

準備が整いました。ではいよいよ、Tさんの将来の給与を予測していきましょう。過去4回分の増加率のデータから、「幾何平均」を計算していきます。

まずは、4つの数値を掛けます。

ここで注意したいのは○倍の「○」の数字を使うことです。たとえば最初の増加率である「3・1%増」を○倍で表記すると、1・031倍になります。10・4%増は1・104倍、16・2%増は1・162倍、12・8%増は1・128倍になります。

1・031×1・104×1・162×1・128

これを実際に計算すると、約1・492となります。

次にこの「個数の累乗根をとる」わけですが、データの個数は4個なので、「4乗根」をとる形になります。

さて、4乗根はどのように計算すればよいのでしょうか？　その方法を紹介しましょう。

まずは√キーのついた普通の電卓を使う場合です。

普通の電卓には4乗根を計算するキー自体はありません。ところが実は4乗根とは、√の√を意味しています。ですので、1・492と入力した後、√キーを2回押せば、それで4乗根が計算できてしまいます。実際に計算すると、1・1052……と表示されるはずです。これが1・492の4乗根です。

ただこの方法は、4乗根や8乗根はできますが、3乗根や5乗根などは計算できません。その場合は、**スマホの電卓アプリ**を使いましょう。

iPhoneの場合は、先ほど紹介したように標準の電卓アプリを開いてスマホを横向きにします。4乗根の計算は「$\sqrt[y]{x}$」というキーを使います。たとえば1・492の4乗根を計算したい場合は、「1・492」と入力→「$\sqrt[y]{x}$」をタップ→「4」と入力、としてみてください。1・1052……と出ればOKです。これが1・492の4乗根です。

Androidの場合も、累乗根が計算できる「$\sqrt[y]{x}$」キーがついた電卓アプリがいくつかありますので、自分の使いやすいものを探すとよいでしょう。

ただやはり最強なのはGoogleを使う方法です。先ほどと同じように、Googleの検索窓に「1・492の4乗根」と打ち込んでエンターキーを押してください。すぐに1・1052……と答えを返してくれます！

■エクセルでシミュレーションする

さあ、Tさんの過去5年間の給与増加率の平均（幾何平均）が約1・1052倍とわかりました。これは％に直すと、10・52％増ということになります。

そこで今後もこれまでと同じ10・52％の平均伸び率で成長するとして、今後の給与計画を立てていきましょう。6年目は5年目の10・52％増、7年目は6年目の10・52％増……と順に10年目まで計算していくわけです。これをエクセルを使って計算すると、結果は47ページのようになります（表3）。

超便利!

エクセルを使った「予想給与額」の計算

❶ たとえば6年目の給与額（C2）は5年目の給与額（B2）を1.1052倍することになります。この1.1052という数は、10.52%（0.1052）に1を加えたものなので、「増加率（B4）+1」を掛けることになります。

❷ つまり、C2には、「=B2*($B$4+1)」が入ることになります（「*」は「掛ける」の記号です）。なお、Bと4の前に$《ドル》マークがついていますが、これは「絶対参照」を表わしています。「絶対参照」については左ページの本文で説明します。

❸ 最後に、C2のセルをオートフィルを使ってG2までコピーすれば、10年目までの予想給与額が一気に計算できます。

C2　=B2*($B$4+1)

	A	B	C	D	E	F	G
1		5年目	6年目	7年目	8年目	9年目	10年目
2	給与額	970	1072	1185	1309	1447	1599
3							
4	給与増加率	10.52%					

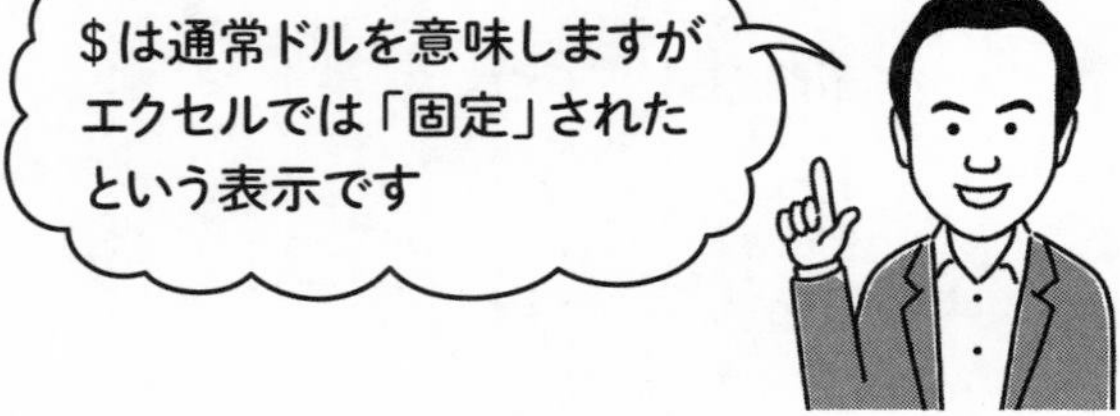
$は通常ドルを意味しますが
エクセルでは「固定」された
という表示です

「絶対参照」とは、エクセルの基本操作の１つです。29ページで説明したとおり、エクセルではオートフィルを使ってセルの値をコピーすれば、参照したいセルも自動で移動してくれます。ところが、場合によっては参照するセルが移動してほしくない場合もあるでしょう。

そんな時に使うのが絶対参照です。絶対参照で指定されたセルは、オートフィルでコピーしても固定され移動されなくなります。

操作方法は、手入力で「＄」を打ってもいいですし、Ｗｉｎｄｏｗｓなら「Ｆ４」キー、Ｍａｃなら「command《コマンド》+T」でショートカットによって作成することもできます。

絶対参照された行や列には「＄」マークがつきます。「$B$4」は列（Ｂ列）も行（４行）も固定されているわけです。

表3の結果からわかるとおり、これまでのペースでいけば、Ｔさんの10年目の給与額は約１６００万円に到達することになります。この額を目標に、今後5年間ますます精力的に営業活動ができそうです。

表3　5年目以降の予想給与額

	5年目	6年目	7年目	8年目	9年目	10年目
予想給与額（単位：万円）	970	1072	1185	1309	1447	1599
増加率	10.52％					

年間売上目標を日々の計画に落とし込む

ビジネスをする上で、将来を見据える広い視野も大事ですが、それと同じぐらい大事なのが、毎日の数字の管理です。ここでは、年間の予算が決まっている場合に、月にどれだけの売上を上げればいいか、そしてさらに落とし込んで、日々の売上目標をいくらに設定すればいいか、というシミュレーションをしていくことにしましょう。

Hさんはコンビニエンスストアを経営しています。本部と相談し、今年の年間売上高の目標額を1億6000万円に設定しました。

1億6000万円という数字だけを見ると、あまりに大きすぎて何をどうすればよいかとまどうかもしれません。ただ、これを月の目標、さらに日の目標にまで落とし込んでいくことで、日々の具体的な業務目標が明確になってきます。

毎日いくら売り上げればいいか、その単純な平均を知るだけなら、単純に年間売上高を

365日で割るだけですぐに計算できます。実際に計算すると、

1億6000万円÷365＝43・83……万円

となります。これだけ小さくなると、目標として到達のイメージが湧きます。「千里の道も一歩から」です。毎日ずっと44万円以上の売上を上げ続ければ、1年後には目標の1億6000万円をクリアできていることになります。

これでも十分目安としての役割は果たしているのですが、春夏秋冬、季節によって多少の売上の上下はありそうです。また、曜日によって売上が違うかもしれません。

もしそのような条件を考慮し、それを計画値に反映させることができれば、より毎日の目標値の精度が上がり、詳細な分析や評価ができるはずです。

そこで過去のデータから、各月の売上高の平均値を計算したところ、次ページの表4のようになりました。これを見ると、確かに月によって売上額が上下していることがわかります。

過去の年間売上高の平均は、表のとおり1億5400万円です。今年の目標額が1億6000万円なので、あと少し頑張る感じですね。

では、ここからが本題です。この過去の月別売上高のデータから、今年の各月の目標売上高を計算してみましょう。

そのためにはまず、過去の年間売上高1億5400万円に対し、各月の売上高がそのうちの何%を占めているのかを計算しておきます。

そのためには、過去の各月の売上高を年間売上高1億5400万円で割ってやればよいです。

■エクセルで目標売上高を計算する

ここでもやはりエクセルに力を貸してもらいましょう。

表4 Hさんのコンビニの月別平均売上高

	1月	2月	3月	4月	5月	6月
平均売上高（単位：万円）	1200	1120	1270	1220	1270	1280

	7月	8月	9月	10月	11月	12月	合計
平均売上高（単位：万円）	1420	1430	1280	1310	1250	1350	15400

超便利！

エクセルを使った「目標売上高」の計算

❶ たとえば1月の平均売上高の対年間比（B3のセル）の計算は、「1月の平均売上高（B2）／年間の平均売上高（N2）」で計算できます。図のように、N2のセルは$N$2と絶対参照にして、結果は％表記に設定しておきましょう。

B3　=B2/$N$2

	A	B	C	D	E	F	M	N
1	月	1月	2月	3月	4月	5月	12月	合計
2	平均売上高	1200	1120	1270	1220	127	1350	15400
3	対年間比	7.79%						

❷ あとは12月（M3のセル）までオートフィルでコピーすれば、3行に各月の対年間比が計算できます。

B3　=B2/$N$2

	A	B	C	D	E	F	G	H	I	J	K	L	M	N
1	月	1月	2月	3月	4月	5月	6月	7月	8月	9月	10月	11月	12月	合計
2	平均売上高	1200	1120	1270	1220	1270	1280	1420	1430	1280	1310	1250	1350	15400
3	対年間比	7.79%	7.27%	8.25%	7.92%	8.25%	8.31%	9.22%	9.29%	8.31%	8.51%	8.12%	8.77%	100%

では次です。今度は、年間目標値である1億6000万円に対し、過去のデータから得られた各月の対年間比を掛けることで、今年の各月の目標売上額が計算できます。

❸ まずは年間目標売上高（N4）に16000（1億6000万円）と入力します。

N4　16000

	A	B	C	D	E	F	G	H	I	J	K	L	M	N
1	月	1月	2月	3月	4月	5月	6月	7月	8月	9月	10月	11月	12月	合計
2	平均売上高	1200	1120	1270	1220	1270	1280	1420	1430	1280	1310	1250	1350	15400
3	対年間比	7.79%	7.27%	8.25%	7.92%	8.25%	8.31%	9.22%	9.29%	8.31%	8.51%	8.12%	8.77%	100%
4	目標売上高													16000

❹ 次に、たとえば1月の目標売上高は、年間売上高16000万円（1億6000万円）の7.79％になるので、B4のセルに「=$N$4*B3」と入力すればOKです。エンターキーを押すと、1247万円と計算してくれます。

B4　=$N$4*B3

	A	B	C	D	E	M	N
1	月	1月	2月	3月	4月	12月	合計
2	平均売上高	1200	1120	1270	122	1350	15400
3	対年間比	7.79%	7.27%	8.25%	7.92	8.77%	100%
4	目標売上高	1247					16000

❺ あとはM4までオートフィルでコピーすれば、1月から12月までの各月の目標売上高が表示されます。

B4　=$N$4*B3

	A	B	C	D	E	F	G	H	I	J	K	L	M	N
1	月	1月	2月	3月	4月	5月	6月	7月	8月	9月	10月	11月	12月	合計
2	平均売上高	1200	1120	1270	1220	1270	1280	1420	1430	1280	1310	1250	1350	15400
3	対年間比	7.79%	7.27%	8.25%	7.92%	8.25%	8.31%	9.22%	9.29%	8.31%	8.51%	8.12%	8.77%	100%
4	目標売上高	1247	1164	1319	1268	1319	1330	1475	1486	1330	1361	1299	1403	16000

ここまでで、年間の目標値を毎月の目標値にまで落とし込むことができました。続いて、月の目標値をそれぞれの月の日数で割ることで、日々の目標売上高に落とし込んでいきましょう。

1月、3月、5月、7月、8月、10月、12月は31で割ります。4月、6月、9月、11月は30で割って、2月は28で割りましょう（2月は本来は28.25で割るのがより適切ですが、ここでは簡単にするため28としておきます）。

❻ たとえば1月の1日平均売上高は、1月の目標売上高（B4のセル）を1月の日数である31で割ればOKです。計算した結果が、1月の1日平均のセル（B5）に表われます。

B5　=B4/31

	A	B	C	D	E	F	G
1	月	1月	2月	3月	4月	5月	6月
2	平均売上高	1200	1120	1270	1220	1270	1280
3	対年間比	7.79%	7.27%	8.25%	7.92%	8.25%	8.31%
4	目標売上高	1247	1164	1319	1268	1319	1330
5	1日平均	40.2					

❼ 2月から12月まで、これと同じ操作をします（各月の日数を出力してくれる関数もあるのですが、ここでは月ごとに手入力しておきます）。

B5　=B4/31

	A	B	C	D	E	F	G	H	I	J	K	L	M	N
1	月	1月	2月	3月	4月	5月	6月	7月	8月	9月	10月	11月	12月	合計
2	平均売上高	1200	1120	1270	1220	1270	1280	1420	1430	1280	1310	1250	1350	15400
3	対年間比	7.79%	7.27%	8.25%	7.92%	8.25%	8.31%	9.22%	9.29%	8.31%	8.51%	8.12%	8.77%	100%
4	目標売上高	1247	1164	1319	1268	1319	1330	1475	1486	1330	1361	1299	1403	16000
5	1日平均	40.2	41.6	42.6	42.3	42.6	44.3	47.6	47.9	44.3	43.9	43.3	45.2	

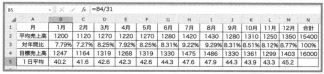

これで、それぞれの月について1日あたりの目標売上高が計算できました。たとえば1月（40・2万円）と8月（47・9万円）を比較すると、ずいぶんと差があります。ここからも、月ごとに1日平均を出すことに十分意味があると考えることができるでしょう。

さてこれでも十分なのですが、さらに曜日によっても売上が変動していることも考えられます。そこで、より正確性を高めるため、曜日ごとの違いについても分析を進めていくことにしましょう。

過去のデータから、全体に対する曜日ごとの売上高の比率が表5のとおりであることがわかりました。

1週間は7日あるので、仮にどの曜日の売上も完全に平等だとした場合は、どの曜日も「100％÷7＝14・3％」ずつになるはずです。ただ、表からわかるとおり、実際は曜日ごとに差があります。

たとえば1月の月曜日を例にとりましょう。その場合、先ほど見た1月の単純な日平均の売上高（40・2万円）に対し、「13・8（月曜日の売

表5 曜日ごとの売上高比率

曜日	月	火	水	木	金	土	日
売上比	13.8%	13.0%	14.1%	14.3%	15.2%	15.4%	14.2%

上比）／14・3（曜日で単純に7等分した場合の売上比）」を掛けたものを計算することになります。

実際に計算すると、

40・2×(13・8／14・3)＝約38・8万円

となります。これが、より細かく分析した「1月の月曜日の目標売上」ということになるわけです。

以上をエクセルで計算したものを次ページに示しています。

いま見たように、1月の月曜日のセル（B9）には、1月の1日平均「($B$5)×(月曜日の売上比（B8）／14・3%)」が計算されています。

これをH9のセルまで横にオートフィルでコピーすることで、1月の各曜日の目標売上高が計算できることになります。

エクセルを使った「曜日ごと」の目標売上高

B9 =$B$5*(B8/14.3%)

	A	B	C	D	E	F	G	H	I	J	K	L	M	N
1	月	1月	2月	3月	4月	5月	6月	7月	8月	9月	10月	11月	12月	合計
2	平均売上高	1200	1120	1270	1220	1270	1280	1420	1430	1280	1310	1250	1350	15400
3	対年間比	7.79%	7.27%	8.25%	7.92%	8.25%	8.31%	9.22%	9.29%	8.31%	8.51%	8.12%	8.77%	100%
4	目標売上高	1247	1164	1319	1268	1319	1330	1475	1486	1330	1361	1299	1403	16000
5	1日平均	40.2	41.6	42.6	42.3	42.6	44.3	47.6	47.9	44.3	43.9	43.3	45.2	
6														
7	曜日	月	火	水	木	金	土	日						
8	売上比	13.8%	13.0%	14.1%	14.3%	15.2%	15.4%	14.2%						
9	1月	38.8	36.6	39.7	40.2	42.7	43.3	39.9						

	A	B	C	D	E	F	G	H	I	J	K	L	M	N
1	月	1月	2月	3月	4月	5月	6月	7月	8月	9月	10月	11月	12月	合計
2	平均売上高	1200	1120	1270	1220	1270	1280	1420	1430	1280	1310	1250	1350	15400
3	対年間比	7.79%	7.27%	8.25%	7.92%	8.25%	8.31%	9.22%	9.29%	8.31%	8.51%	8.12%	8.77%	100%
4	目標売上高	1247	1164	1319	1268	1319	1330	1475	1486	1330	1361	1299	1403	16000
5	1日平均	40.2	41.6	42.6	42.3	42.6	44.3	47.6	47.9	44.3	43.9	43.3	45.2	
6														
7	曜日	月	火	水	木	金	土	日						
8	売上比	13.8%	13.0%	14.1%	14.3%	15.2%	15.4%	14.2%						
9	1月	38.8	36.6	39.7	40.2	42.7	43.3	39.9						
10	2月	40.1	37.8	41.0	41.6	44.2	44.8	41.3						
11	3月	41.1	38.7	42.0	42.6	45.2	45.8	42.3						
12	4月	40.8	38.4	41.7	42.3	44.9	45.5	42.0						
13	5月	41.1	38.7	42.0	42.6	45.2	45.8	42.3						
14	6月	42.8	40.3	43.7	44.3	47.1	47.7	44.0						
15	7月	45.9	43.3	46.9	47.6	50.6	51.3	47.3						
16	8月	46.3	43.6	47.3	47.9	50.9	51.6	47.6						
17	9月	42.8	40.3	43.7	44.3	47.1	47.7	44.0						
18	10月	42.4	39.9	43.3	43.9	46.7	47.3	43.6						
19	11月	41.8	39.4	42.7	43.3	46.0	46.6	43.0						
20	12月	43.7	41.1	44.6	45.2	48.1	48.7	44.9						

それぞれの月の曜日ごとの
目標が「見える化」できれば
やる気も出ます

同じようにして2月から12月まで式を組むことで、それぞれの月のそれぞれの曜日にまで、日の売上目標を落とし込む計算ができることになります（右ページ下の表）。


いかがでしたでしょうか？

ただ漠然と毎日の仕事をこなすのと、目標を設定して日々の仕事に取り組むのとでは、その結果がまったく違うものになることは容易に想像がつくでしょう。また、張り合いをもって毎日の仕事に取り組むことは、自分自身の充実感にもつながります。

今回はコンビニの日ごとの売上高目標をモデルにしましたが、ぜひあなた自身の業務で応用ができないか、考えてみてください。その中で、目標設定に活《い》かせそうなヒントがあれば、エクセルでシミュレーションしてみてください。きっと何か新たな発見があるはずです。

コラム

簡単な「暗算」の方法

計算をする時はほとんどの人が電卓やスマホを使っていることでしょう。

とはいえ、その場でパッと暗算できれば、すごく楽ですよね。ここでは、5個や6個ぐらいの1ケタの数を暗算で足す時の簡単なコツをお伝えします。

たとえば、「7＋4＋8＋3＋1＋9」を暗算してみましょう。

この計算をするのに、前から順番に足していく人も多いと思います。ただそれだと単純に5回も暗算を実行することになり、また10の位への繰り上がりも出てくるので、どこかで間違うリスクが出てきます。

このような足し算を暗算する時のコツは、「足して10になる数を探していく」ことです。

足し算は、足す順番を変えても計算結果が変わらないという性質があります（数学ではこれを「交換法則」といいます）。この性質を利用して、足して10になる数から探していくわけです。

すると、「7＋3と1＋9」が見つかるでしょう。これらは足して10なので、これで10が2つ、すなわち20が作れました。

あと残ったのは4と8です。これは10は作れないので、普通に足しましょう。12ですね。するとⅡ20と12が作れたので、足して32が答えとなります。

どうでしょう。最初から律儀に足していくより、このほうがよほどミスなく、また速く暗算できるのを実感してもらえると思います。

では、「3＋3＋8＋4＋5＋2」はどうでしょう。繰り返しますが、ポイントは、「足して10になる数を探す」ことです。

すると、まず「8＋2」が目に入ってきます。これで10が1つ作れました。

次はどうでしょう。慣れてくると、「3＋3＋4」の10が見えてきます。

これで20になります。残りは5だけなので、25とすぐに計算できます。

この方法の優れた点は、10を作ってしまえば、もう1の位は（0になったので）気にしなくてよい、というところです。つまり、処理の量がぐんと減るわけです。


この応用編として、2ケタの足し算を暗算ですることもできます。

たとえば、「16＋21＋17＋24」はどうでしょう。

こうなるとさすがに、最初から順番に暗算で足すのはキツくなります。10の位と1の位を同時に処理しないといけないので、情報量がぐんと増えてしまいます。

そこで、1の位だけに注目して、先ほどと同様に足して10になる数を見つけます。すると、16の6と24の4が見えます。これで足して10になって、10の位に1が繰り上がるので、10の位は「1＋2＋1」の4です。つまり、これで40が作れました。

あとは残りの「21＋17」を計算して、38です。そして、この数の10の位に4を加えればよい（1の位は見なくていい）ので、結果は78となります。

どうでしょう。この方法の優れた点が、少しずつ感じられてきたのではないでしょうか。

第2章

「相関」が見えれば未来がわかる

「散布図」で相関の強さを測る

私には小学校に入る前の娘がいるのですが、エネルギーがあり余っていて、広い公園で走り回るのが大好きです。春や秋の涼しい時期ならいいのですが、夏の暑い日になると一緒に遊ぶこちらも大変です。

家族でよく行く公園では、夏はかき氷の移動販売をやっていて、暑い日はいつも長い列ができています。シャキシャキの冷たい氷と鮮やかな色のシロップは、やはり魅力的です。

ところで、かき氷屋さんは毎日どれくらいの量の氷を用意しているのでしょう？　たくさん用意しすぎて余ってしまうのも困りますし、逆に途中で氷が足りなくなりせっかくの販売機会を逃してしまうのももったいないです。

その日どれだけの氷を準備するかというのは結局、その日どれだけかき氷が売れるかという、いわゆる需要予測の話になってきます。その精度をなるべく上げることが、かき氷屋さんにとって重要な経営課題といえるでしょう。

■かき氷の販売数は「正の相関」

一般に、夏場のかき氷の販売数はその日の気温に左右されるといわれています。気温が上がればかき氷の販売数が増え、逆に気温が下がればかき氷の販売数が減る、というのは容易に想像がつきますね。

このように、**片方の数値が増えれば、もう片方の数値も増える傾向にあるような関係**のことを「**正の相関**」といいます。たとえば身長と体重、勉強時間と試験の点数、などが正の相関の例として挙げられるでしょう。

逆に、**片方の数値が増えれば、もう片方の数値が減る傾向にあるような関係**のことを「**負の相関**」といいます。遊んだ時間と試験の点数、最寄駅からの距離と家賃などが負の相関の例といえるでしょう。

話をかき氷屋さんに戻します。気温とかき氷の販売数には本当に正の相関があるのでしょうか？　このことを、実際の数値データで確認してみましょう。なお、休日と平日では当然公園に集まる人の数は違うので、ここでは休日のみのデータを見ることにします。

下の表6は、あるシーズンの最高気温とかき氷の販売数を一覧にしたものです。正直、この表を見て即座に「お！ 確かに正の相関だ」と言い切れる人はまずいないでしょう。25・4℃で98個、34・6℃で181個など、一部を見て「まあ、いわれてみればそうかな」くらいがせいぜいだと思います。

では、このデータから最高気温と販売数に正の相関があることを確認するためには、一体どのような方法があるでしょうか？

これには大きく2つの方法があります。1つは、「**散布図**」というグラフを描いて視覚的に判断する方法、もう1つは、「**相関係数**」を計算することで、相関の強さを数値化して判断する方法です。

表6 あるシーズンの最高気温とかき氷の販売数の関係

最高気温（℃）	25.4	28.7	32.3	27.1	31.4	30.3	31.5
販売数（個）	98	120	160	112	147	137	152
最高気温（℃）	31.1	33.0	33.5	30.2	26.3	34.6	30.8
販売数（個）	131	137	141	118	115	181	112

■「散布図」で判断する

1つめの「散布図」とは、**横軸と縦軸に相関を調べたい2つの項目をとり、各データを点で示すことで描くグラフ**のことです。

先ほどの最高気温とかき氷の販売数のデータを使って、実際に散布図を描いてみましょう。それが、下のグラフです。横軸に最高気温（℃）、縦軸にかき氷の販売数（個）をとり、全部で14個のデータを点で表わしました。

これを見ると、確かに点が全体的に右上がりに分布しているのが見てとれると思います。つまりこれは、「最高気温が高いほど販売数が多い」という傾向を示しており、「正の相関がある」ということができるわけです（ちなみに「負の相関」の場合は、点が全体的に右下がりに分布すること

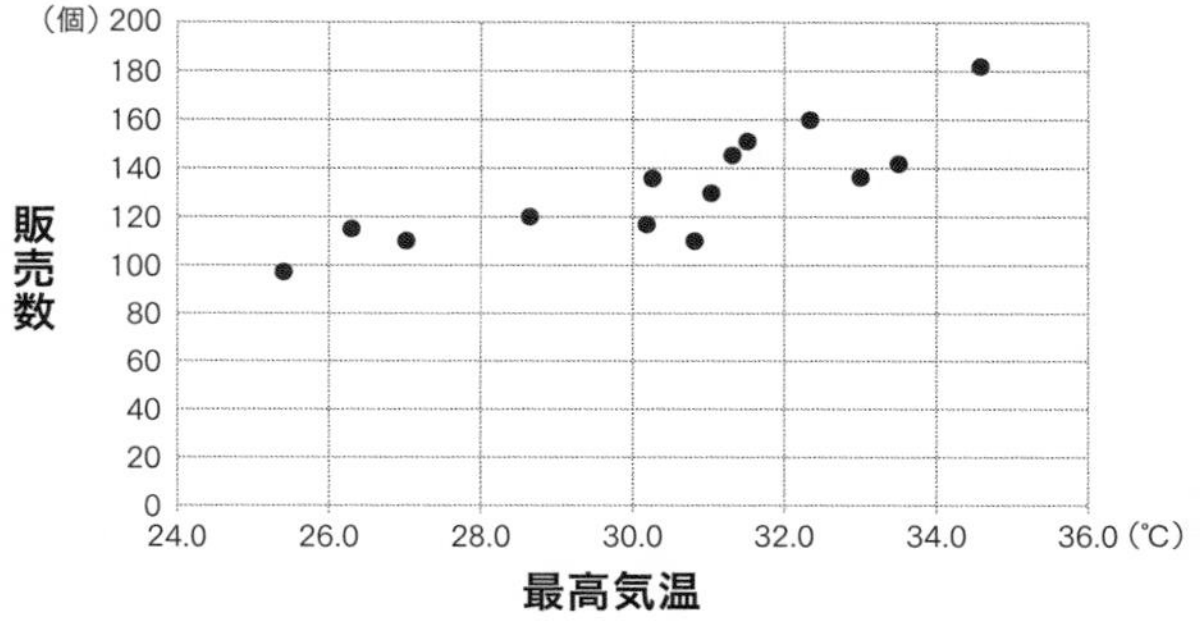

になります）。

実は、この散布図はエクセルを使って簡単に作ることができます。後でその方法を紹介します。

■「相関係数」を利用する

次に2つめの方法は、「相関係数」を利用する方法です。

この「相関係数」とは、**相関の強さを数値で表わしたもの**で、その実際の計算方法は非常に複雑です。この計算のベースになるのが、第3章で紹介する「**偏差**」「**分散**」「**標準偏差**」です。詳しくは第3章で述べますが、これらは簡単にいうとデータ間のバラつきの大きさを表わしたものです。これを応用して、2つの項目についてのバラつき度合いを計算したものが「相関係数」になります。相関係数はプラス1からマイナス1までの数値で表わされ、**プラス1に近いほど「正の相関が強い」**、**マイナス1に近いほど「負の相関が強い」**ことを表わします。また、相関係数が0付近の場合は、「相関がない」ことになります。

相関係数の計算も、エクセルを使えば一発です。その具体的な方法は後ほど紹介しますが、結果だけを先にいうと、今回の最高気温とかき氷の販売数の相関係数は約0・83と計算されます。相関係数は0・7を超えると強い相関があるといわれており、0・83という結果は十分「正の相関がある」といえる根拠になるわけです。

このように、相関係数を活用することで、2つの項目の間にどれだけ強い相関関係があるかを数値として表わすことができます。ここから、たとえばいくつかのデータ同士の相関の強さを比較することも可能です（これについては127ページで詳しく書いています）。

相関係数	相関強さ
1.0〜0.7	強い正の相関
0.7〜0.4	正の相関
0.4〜0.2	弱い正の相関
0.2〜-0.2	ほとんど相関がない
-0.2〜-0.4	弱い負の相関
-0.4〜-0.7	負の相関
-0.7〜-0.1	強い負の相関

エクセルで散布図を描く

では、ここからはエクセルの操作方法を紹介します。まずは「散布図」を描いてみましょう。

超便利！

エクセルを使った「散布図」の作成

❶ 相関を調べたい2つの項目のデータを打ち込みます（2つの列になります）。

	A	B
1	最高気温	販売数
2	25.4	98
3	28.7	120
4	32.3	160
5	27.1	112
6	31.4	147
7	30.3	137
8	31.5	152
9	31.1	131
10	33.0	137
11	33.5	141
12	30.2	118
13	26.3	115
14	34.6	181
15	30.8	112

❷ そのデータ全体を選択し、「挿入」タブからグラフ「散布図」を選びます。

❸ どの散布図にするかの画面が出ますので、左上の一番ノーマルなものを選びましょう。

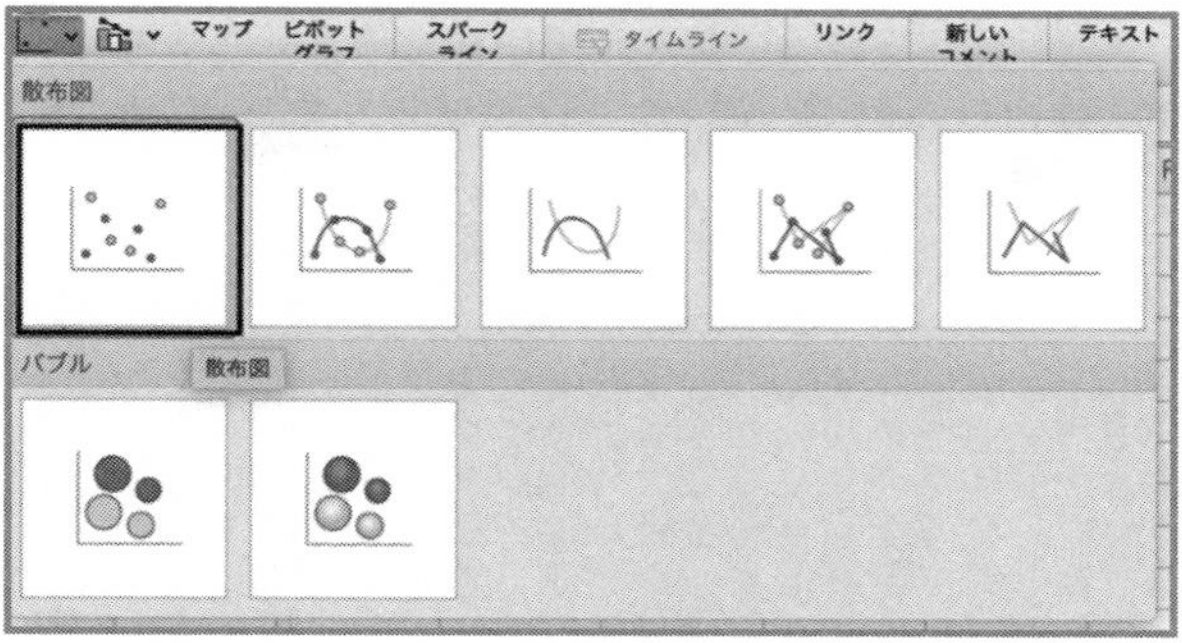

❹ 先ほど見た下のような「散布図」が自動で作成されます（横軸が0℃から始まって見にくい場合は、「軸の書式設定」で横軸の始まりの数値が変更できます。今回は24.0℃に設定しています）。

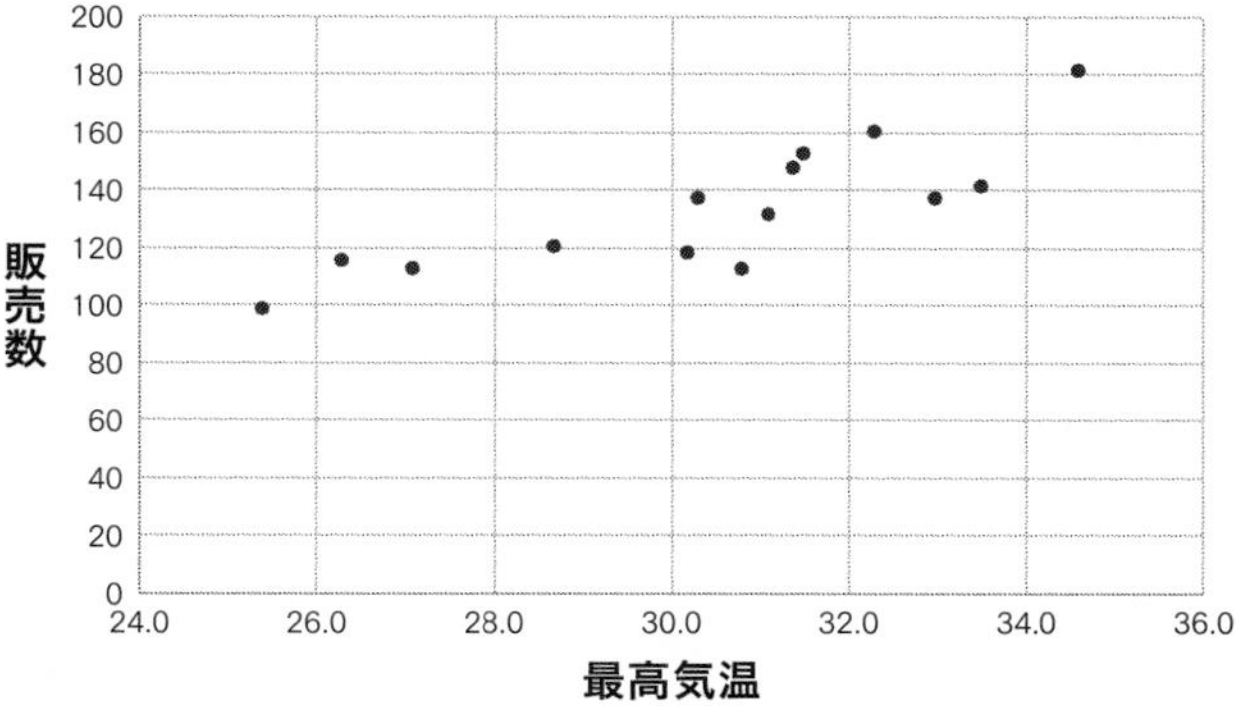

■エクセルで相関係数を計算する

続いて、「相関係数」を計算する方法を次のページに紹介しています。これも難しい数学の知識がなくても、エクセルの関数を使えば一発です。

皆さんご自身のビジネスの中でも、来店客数と売上高、あるいは広告宣伝費と売上高など、２つの要素がどのぐらい関係しているのか、知りたくなることがあると思います。そんな時は、ぜひ散布図を描いたり、相関係数を計算したりしてみてください。きっといろいろな発見があると思います。

実は、散布図を使うメリットはこれだけではありません。次の項目では、最高気温の予想をもとに、かき氷が何個売れるかのシミュレーションをする方法を紹介します。キーワードは「**回帰分析**」です。

超便利！

エクセルを使った「相関係数」の計算

❶ 相関係数を表示したいセル（図ではD2）に、「=CORREL《コリレーション》(」と入力します（英語で相関のことをcorrelation〈コリレーション〉といいます）。

❷ 次に、どの項目と、どの項目の相関係数を計算したいのかを選択します。今回は「最高気温」（A列）と「販売量」（B列）の相関係数を知りたいので、「A2:A15」（「A2からA15まで」という意味）と「B2:B15」を「，」で区切って入力します。

あとはエンターキーを押せば、エクセルが自動的に相関係数を計算し、表示してくれます。今回の場合は、0.8291……と出力されました。

D2　　=CORREL(A2:A15,B2:B15)

	A	B	C	D	E	F
1	最高気温	販売量		相関係数		
2	25.4	98		0.8291414		
3	28.7	120				
4	32.3	160				
5	27.1	112				
6	31.4	147				
7	30.3	137				
8	31.5	152				
9	31.1	131				
10	33.0	137				
11	33.5	141				
12	30.2	118				
13	26.3	115				
14	34.6	181				
15	30.8	112				

「回帰分析」で販売数を予測する

先ほどは、散布図や相関係数を使うことで、最高気温とかき氷の販売数に確かに正の相関があることを確かめました。

ただ、「確かに相関がある」ということがわかったところで、「はい、よかったね！」で終わってしまってはビジネスではありません。このデータ分析の結果を次のアクションにどう活かしていくのかという視点が重要です。

先ほど作った散布図では、点が全体的に右上がりになっていることを確認しました。すると、次のような発想が生まれてくるかもしれません。

「このデータをもとに、ある日の予想最高気温から、その日の販売数を予測することはできないだろうか？」と。つまり、需要予測です。これがわかれば、どれくらいの量の氷を持っていけばいいか、の判断材料になるはずです。

「回帰分析」を判断材料にする

先ほどの散布図をもう一度、下に用意しました。仮にこの14個の点の真ん中を通るような、「最も当てはまりのいい」直線が引けたとしましょう。すると、それがある最高気温に対する予測販売数を表わす直線になる、と考えるわけです。

このような分析の方法を、「**回帰分析**」といいます。この言葉自体は聞いたことがある人も多いのではないでしょうか。

少しややこしい数学の話になりますが、横軸をxとし、縦軸をyとした場合、直線は**1次関数**という式で表わされます。1次関数とは、**y=○x+△という形で表わされる**

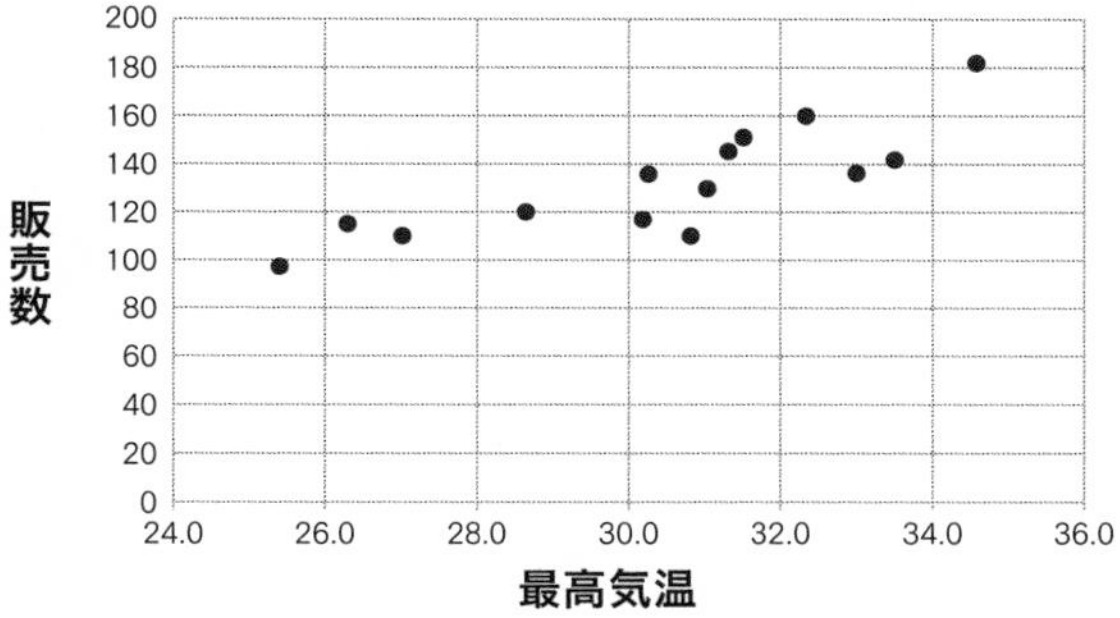

xとyの関係式のことをいいます（ここでの○や△には、状況によって、それぞれある数字が入ります。また計算式でxなどの文字を使う場合、「×（掛ける）」の記号は省略します）。

つまり、グラフ上にある直線を引きたければ、その直線を表わすような1次関数を決定すればよい、ということになります。

そして「1次関数を決める」というのは、「○と△に入る数字を決める」ということにほかなりません。

ややこしい話はここまでです。あとはエクセルに丸投げしましょう。

エクセルで「回帰直線」を計算する

実はエクセルには、散布図から「最も当てはまりのいい」直線（これを**回帰直線**といいます）を計算してくれる機能が備わっています（専門的には「**最小2乗法**」という方法で計算されています）。

その手順をここで紹介しましょう。これも本当にラクチンです。

超便利！

エクセルを使った「回帰直線」の作成

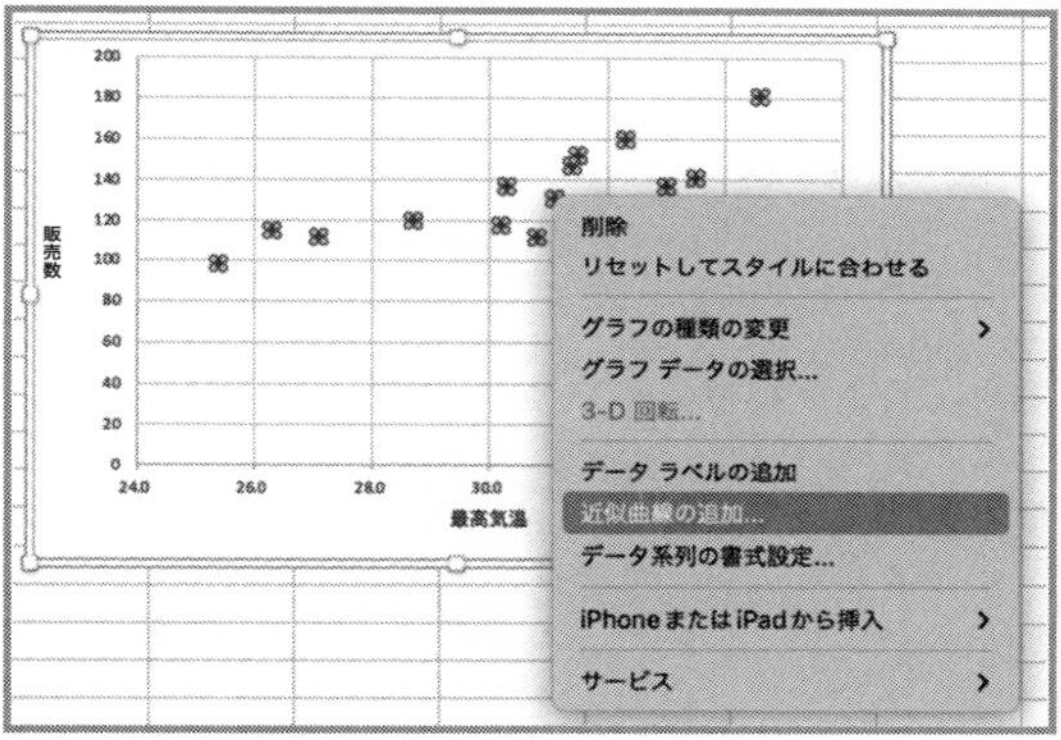

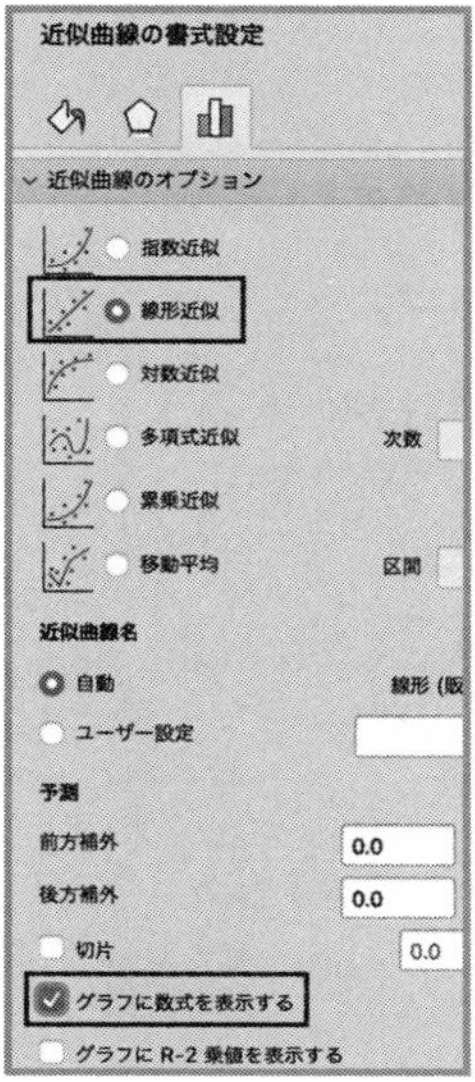

❶ 散布図上の点（どの点でも構いません）を右クリックするとメニューが表われます。そこから「近似曲線の追加」をクリックします。

❷ 左のようなウィンドウが表われるので、ここから「線形近似」（「線形」とは直線のことです）を選択し、「グラフに数式を表示する」にチェックを入れます。

❸ すると、散布図上に直線が表われ、その近辺に「y=○x+△」の式が表示されます。今回は、「y=6.8271x-74.907」と表示されました（△にはマイナスの数がくることもあります）。これが「回帰直線」を表わす式です（なお、図では見やすいように直線の式を拡大しています）。

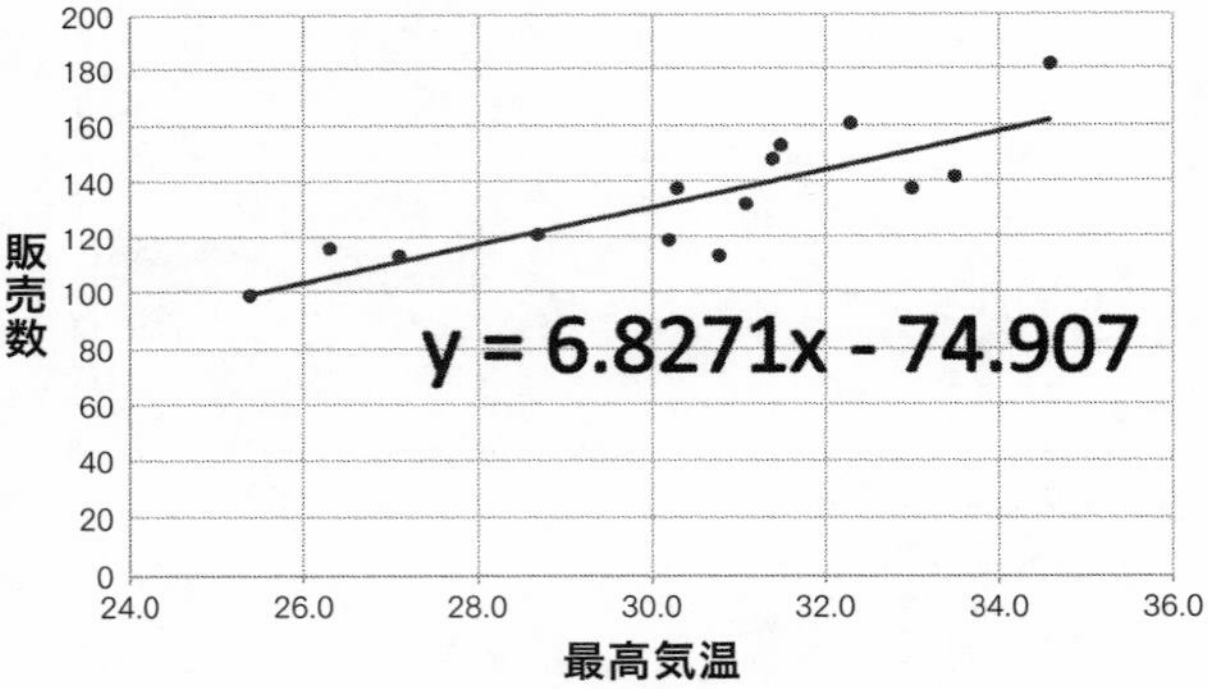

ここでxは横軸の値である最高気温を表わし、yは縦軸の値である販売数を表わしています。そしてこの「y＝６・８２７１x－74・９０７」という式は、x（最高気温）とy（販売数）の関係を表わしているわけです。

あとは、予測販売数を知りたい日の最高気温の数値をxに当てはめて、yを計算するだけでＯＫです。それが、最高気温のもとでの予測販売数ということになるわけです。

試しに、たとえば34・０℃のもとでの予測販売数を計算してみましょう。そのためには、xに34を当てはめます。つまり、

$$6.8271 \times 34 - 74.907$$

となります。これを計算すると、１５７・２１４４となります。つまり約１５７個、これが34・０℃の時の予測販売数になるというわけです。確かにグラフの直線からも、34・０℃ではだいたい１５７個ぐらいになっているのが読み取れるでしょう。

もちろん多少の誤差は生じるので、ぴったり157個売れるわけではありません。ただ、1つの目安としては、十分信頼できる数値といえます。

■回帰分析の注意点

回帰分析をする際に、いくつかの注意点があります。

まず、いま25℃から35℃ぐらいまでの範囲のデータを使って分析をしましたが、この範囲を大きく外れた気温での予測は正しく保証してくれるものではありません。たとえば15℃での販売数を、今回の直線を使って予測するのは適切とはいえないわけです。

また当たり前ですが、回帰分析は2つの項目の間にある程度の相関がある場合でしか使えません。たとえば成人顧客の身長と購入金額の間には、まず相関はないでしょう。このような相関がほとんどないモデルでは、回帰分析を行なってもその結果は信頼できません。

回帰分析によって販売数などを予測する手法は、実際のビジネスでも大きな〝武器〟になりえます。

私が実際に企業のデータ分析のコンサルティングをする現場でも、相関係数・散布図・回帰分析はよく活用します。説得力がある手法なので、クライアント先の担当者の方も納得して採用してくれます。

たとえば、ＢtoＢでＩＴサービスを販売しているような企業で、取引先の会社規模（資本金・従業員数）と取引金額に相関はあるか？　取引先の業種によって、相関の強さは違うか、同じか、またどの業種同士が傾向が似ているか？（相関係数を計算し比較）

このような分析を行なう際は、ここで紹介した手法が1つの切り口として有効です（もちろん回帰分析も万能ではなく、その計算結果が現実に即しているかの検証は必要ではありますが）。

ぜひご自身のビジネスで扱う数字について、相関を調べてみてはいかがでしょう。これまで気づかなかった新たな発見や有効な施策が見つかるかもしれません。

「相関関係」と「因果関係」の違いに注意する

散布図を作ることで、相関の強さが目で見て判断できることがわかりました。

ここで、「**相関関係**」と「**因果関係**」の違いについて説明しておきましょう。

ビジネスで散布図や相関係数を使う場合、この「相関関係」と「因果関係」の違いをしっかりと認識しておくことが重要です。この違いが曖昧だと、誤った判断をしてしまう危険性があるからです。

■「因果関係」は原因→結果

「相関関係」とは、片方の数値が大きくなった場合に、もう片方の数値も大きくなる（または小さくなる）ような関係のことでした。

一方の**「因果関係」とは、片方の数値が大きくなったことを「原因」として、その「結果」もう片方の数値も大きくなる（または小さくなる）ような関係**のことをいいます。

たとえば、これまで見てきた最高気温とかき氷の販売数の関係を例に取りましょう。

この両者に「相関関係」があることはすでに確認しました。

そしてこの相関の理由を探ると、「最高気温が高い」→「体に熱がこもりやすくなり、体が熱いと感じる」→「生理的に冷たいものが欲しくなる」→「かき氷を食べたくなる人が増える」→「かき氷の販売数が増える」と考えることができます。それで、「最高気温が上がると、かき氷の販売数が増える」という現象が表われているわけです。

つまり「最高気温が上がった」ことが「原因」となり、「かき氷の販売数が増えた」という「結果」が生じていることになります。これに異論はないでしょう。

ですので、最高気温とかき氷の販売数には「因果関係」があるといえます。

つまり、「最高気温とかき氷の販売数」の関係は「相関関係」であるとともに、「因果関係」でもあることになります。

ただ、逆はいえないので注意しておきましょう。つまり、「かき氷の販売数が増えれば、最高気温が上がる」、これはさすがに無理がありますね……。この例はすぐわかりますが、ビジネスでも因果関係となる相関関係の場合に、どちらが原因でどちらが結果かはきちんと把握することが重要です。

■「疑似相関」は原因→結果ではない

では、次のようなケースを見てみましょう。

「ある県が、地域ごとのコンビニの数と犯罪件数の関係を調べたところ、正の相関が見られた。だから犯罪を減らすために、コンビニの数を減らすべきだ」

この主張は正しいでしょうか？

地域ごとのコンビニの数と犯罪の件数を調べるのは、それほど困難ではないでしょう。そしてそのデータがあれば、散布図を作ることや相関係数を出すことは容易です。その結果、正の相関が見られたということは、「コンビニの数が多い地域ほど、犯罪の件数も多い傾向にあった」ということになります。

でも、だからといって「犯罪を減らすために、コンビニの数を減らすべきだ」と本当にいえるでしょうか？　一瞬、正しいような気がするかもしれませんが、冷静に考えると、コンビニの数が犯罪の数に直接影響を与えているとは思えません。

つまり、コンビニの数と犯罪件数の間に、データ上の「相関関係」はあったとしても、そこに「因果関係」はない、ということになります。

まとめると、**2つの項目の間に「相関関係」があるからといって、それは必ずしも「因果関係」があることを意味しない**、ということです。それらが「因果関係」であるためは、そこに明確な原因と結果の関係が存在している必要があります。

このように、「相関関係はあるが、因果関係はない」関係のことを「疑似相関」といいます。

では、なぜコンビニの数と犯罪件数は正の相関を示すのでしょう。

実はここには、隠れた第3の要素が存在します。それは地域の「人口」です。

当然人口が多い地域は自然とコンビニも増えるでしょうし、人口が多いほうが犯罪の件数も多くなるのは容易に想像がつきます。

つまり、コンビニの数も犯罪件数もその裏に見えない「人口」という第3の要素が隠されていたわけです。これを媒介として、結果的にコンビニの数と犯罪件数に相関が生じていたのですね。

とはいいつつ、実際にはこの第3の要素を探し当てるのは困難な場合が多いです。そこには経験が必要であったり、その分野の深い知識が必要な場合もあります。

いずれにせよ、「相関があるから因果関係があるんだろう」と、すぐに結論づけることは大変危険です。相関を示すデータがあれば、その両者には因果関係があるかどうかしっかり吟味するクセをつけておきましょう。これはビジネスで失敗しないためにも、とても重要な姿勢です。

もう1つ、具体例を挙げましょう。

ある保険会社がこれまでの販売データを調査したところ、訪問回数と契約率には正の相関があることがわかりました。

この事実を発見した保険会社は、契約率を上げるために訪問回数を増やす戦略に出ました。ところが結果は驚くことに、逆に契約率は下がっていってしまいました。

これもデータを誤って分析してしまった例です。

訪問回数と契約率には確かに正の相関は見られましたが、それは因果関係ではなかったのです。よくよく調べると、契約の見込みが高そうな顧客ほど多く訪問することになるため、その結果として契約率が高くなった、というわけだったのです。

以上のように、「相関関係」とはあくまで2つの項目の単純な傾向を示しているだけであって、「相関があるから因果関係がある」と決めつけてしまうと失敗することもあります。ちゃんと因果関係があるかどうかを調べるためには、論理的に成り立ちうるかどうかをしっかりと検討する必要があります。

そして「疑似相関」だった場合に、その背景を分析することが重要であることも、しっかりと覚えておきましょう。

コラム

ビジネスで使う「面積」

面積の大きさってイメージできますか？

たとえば1平方センチメートルとは、1辺が1センチの正方形の面積です。個人差はありますが、人差し指・中指・薬指の3本の爪はだいたい縦も横も1センチなので、面積は約1平方センチです。

また馴染みのところでいうと、1円玉の半径がちょうど1センチ（つまり直径は2センチ）です。1円玉は円なので、その面積は1センチ×1センチ×3・14＝3・14平方センチということです。爪の面積のだいたい3倍です。

ちなみに手元にお札しかない場合でも1センチを知ることができます。財布から1万円札と千円札を取り出して重ねると、1万円札のほうが千円札よりも少し大きいですね。その横の長さの差がちょうど1センチです。

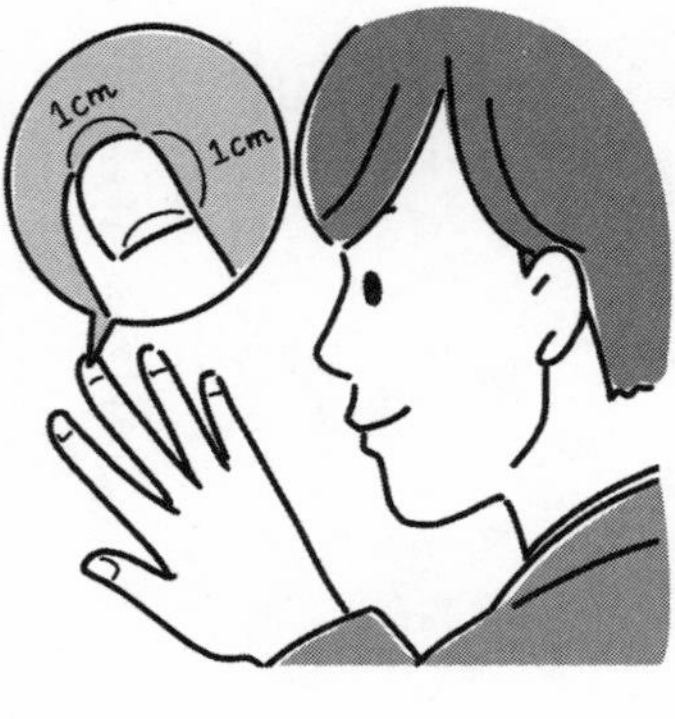

次に大きい面積の単位が1平方メートル。これは1辺が1メートルの正方形の面積です。建築などで「平米《へいべい》」と呼ばれていますが、これは1平方メートルのことです。

新築の家を検討したり、引っ越し先を探していると、間取りの面積は「畳」で表わされています。これは文字どおり畳1枚分の面積で、不動産広告では、縦0・9メートル×横1・8メートル＝1・62平方メートルとされています（ただし実際の面積は、地域によって異なるようです）。

たとえば間取りで「10畳のリビング」と書いてあれば、その面積は1・62×10＝16・2平方メートルということです。だいたい1辺が4メートルの正方形をイメージすればいいですね。

4メートルという長さは、人が寝転んで何人分入るか、と考えるとイメージしやすいでしょう。たとえば身長が160センチ（1・6メートル）の人は、2人半でちょうど4メートルです。ですので、縦に自分が2人と半分、横に自分が2人と半分寝転がった正方形の面積が、だいたい10畳ということになります。これだとイメージが湧きやすくなりませんか？

ビジネスの世界で面積について話される時に使われる単位は「坪」でしょう。よく「坪単価いくら」などといいますね。

1坪の面積は約3・3平方メートルです。1畳が1・62平方メートルなので、1坪は約2畳と同じ面積になります。ざっくりと畳2枚分ということです。

2乗して3・3になる数を√3・3（ルート3・3）といいます。先に説明したように、ルートは一般の電卓でもすぐに計算できます。「3」「・」「3」と押して「√」キーを押せばOK、1・816……と表示されるはずです。これが1坪の正方形の1辺の長さです。

身長が高め（180センチ）の人が2人、縦向きと横向きに90度で寝転がって作られる正方形の面積がだいたい1坪です。

新規で店舗を出店したり、飲食店を開業する時、その面積がどれくらいの大きさなのかを肌感覚でイメージできることは重要です。

たとえば小売の代表格ともいえるコンビニエンスストア。コンビニの店舗面積は40～60坪が標準的とされています。1坪＝3・3平方メートルなので、これを平方メートルに直すと、約130～200平方メートルということになります。

コンビニ店舗は正方形より長方形の場合が多いでしょう。この面積は、小さくて縦10×横13メートルぐらい、大きくて縦10×横20メートル、あるいは縦12×横16メートルぐらいということになります。

どうでしょう？　これならだいぶ大きさがイメージできるのではないでしょうか？

次に大きな面積の単位として、農地などで使われる「ヘクタール（ha）」があります。平方メートルでいうと1万平方メートル、これは1辺が100メートルの正方形の面積です。縦も横も100メートル走で走るだけの距離があるので、相当広い面積であることがわかると思います。

実は「ヘクト（h）」とは100を表わす言葉です。よく台風の時に聞く気圧の単位「ヘクトパスカル（hPa）」も同じです。1ヘクトパスカル＝100パスカルなので、たとえば1000ヘクトパスカルは、10万パスカルということになります。

面積にもアール（a）という単位があります。これは1ヘクタールの100分の1、つまり1万×（1／100）＝100平方メートルを表わしています。10メートル四方の面積ということになります。

もっと大きなもの、たとえば工場や、テーマパーク、ショッピングモールなどの広さを表現する場合によく「東京ドーム○個分」という言い方がされることがありますね。ただ、たとえば「東京ドーム10個分」といわれたところで、具体的にどれくらいの広さなのかイメージできる人はごく少数だと思います。実際、私も「むちゃくちゃデカい」くらいの印象しかありませんでした（笑）。

調べてみると、「東京ドーム1個分」の広さは、4万6755平方メートルと公表されています。正方形にすると、1辺の長さは$\sqrt{4万6755}$＝約216メートルです。

成人の歩くスピードがおよそ時速4キロメートルといわれています。時速とは、1時間に進む距離で表わした速さのことです。これを1分間あたりの速さ、すなわち分速に直すには、時速を60で割ります（1時間＝60分）。すると時速4キロメートル（時速4000メートル）は、分速では4000メートル÷60＝約67メートル／分ということになります。

ある距離を分速で割ることで、その距離を歩くのにかかる時間（何分か）が計算できます。「東京ドーム1個分」の正方形の1辺は約216メートルですので、これを分速67メートルで割ります。すると、216÷67＝約3・2分になります。

つまり、大人が縦に3・2分、横に3・2分歩いた正方形が東京ドーム1個分の広さ、ということになるわけです。1周歩くと、3・2×4＝約12・8分かかることになります。

広い公園やショッピングモールを歩く時は、東京ドームの広さを思い浮かべながら散歩してみるのも楽しいかもしれません。


最後にちょっと面白い数学の話を。

実は、同じ面積を作る図形のうち、周りの長さが最も短い図形は円であることが知られています（これを「等周定理」といいます）。つまり「東京ドーム1個分」の面積の正方形よりも、同じ面積の円のほうが周りの長さが短くなるんです。すると当然、ぐるっと1周するのにかかる時間も円のほうが短くなります。

ちょっと計算してみましょう。

「東京ドーム1個分」の円の半径をxとしましょう。円の面積は、「半径×半径×円周率（3・14）」で計算できるので、「x×x×3・14＝4万6755」という式を作ることができます。ここからxを計算すると、「x＝√（4万6755／3・14）＝約122」となります。つまり、東京ドーム1個分の円の半径は約122メートルというわけです。

では、この円の周りの長さ（円周）は何メートルでしょう。

円周の長さは「直径（半径×2）×3・14」で計算できます。実際に計算すると、「122×2×3・14＝766メートル」とわかります。これが、「東京ドーム1個分」の円の周りのおおよその長さということになります。

先ほど見たように、人が歩く速さは1分間で約67メートルなので、766÷67＝約11分、つまり丸くぐるっと1周歩いた時、だいたい11分かかる敷地の面積が「東京ドーム1個分」になるというわけです。

なお、正方形だと1周回るのにかかる時間は約12・8分でしたので、確かに円のほうが早く回れることがわかりますね。

第3章

「データ」を正しく読み解く

「平均」では見えないことを「ヒストグラム」で把握する

会社に籍を置いていればほぼ自動的に昇進し、給料も右肩上がり、さらには年金もたっぷり用意してくれる——。そんな終身雇用の時代は終わりました。今や自分のスキルアップや給料アップのために転職することも珍しくなくなりました。

転職先を決める際に気になるのが、何といっても年収でしょう。やりがいや職場環境も大事ですが、たくさんの給料がもらえる会社はやはり魅力的です。

30代半ばのMさんはキャリアアップのため、転職を希望しています。リサーチの結果、最終的に候補をK社とO社の2社に絞りました。社風ややりたい仕事を考えるとK社なのですが、年収にだいぶ差があるのが気になっています。

第1志望のK社は、30代の平均年収は420万円、一方でO社の30代の平均年収は45 5万円と35万円も違います。月収に直すと約3万円の差なので、給与面を考えるとO社のほうがよさそうに思えてきました。

■「平均」のワナ

私たちは日常でもビジネスでも、よく「**平均**」を目にします。日本人の平均身長、月平均売上高、試験の平均点……他にもありとあらゆる場面で「平均」を見たり聞いたりすることがあるでしょう。

37ページでも触れたとおり、平均はすべての合計をその個数で割ることで計算できます。たとえば全社員の平均年収額は、全社員の年収をすべて足して、社員数で割れば計算できます。

K社とO社の30代社員の1人1人の年収を実際に調べた結果、下の表7のようになっていることがわかりました。

さて、これを見て何か気づくでしょうか？

表7 K社とO社の年収比較

	30代社員数	平均値	各個人の年収額（万円）
K社	14人	420万円	370, 390, 390, 400, 400, 400, 410, 420, 430, 430, 440, 450, 460, 490
O社	10人	455万円	330, 330, 340, 370, 370, 390, 390, 420, 780, 830

そう、K社については30代社員の年収がほぼ平均値である420万円の近辺に集まっているのに対し、O社は2人だけが極端に年収が高く（おそらく部長クラスなのでしょう）、それ以外の人はみな年収が420万円以下となっています。

ですので、O社に入社した場合に期待できる年収は、（Mさんがよほど能力が高ければ別ですが）おそらく340万円から390万円あたりに落ち着きそうです。

一方、K社は平均年収だけで比べるとO社には劣りますが、この1人ずつの年収のデータから、入社後の年収は390万円から420万円の間ぐらいにはなんとか収まりそうです。つまり、平均年収では低かったK社のほうが、高い年収が期待できそうなのではないでしょうか。

これがものごとを平均値だけで判断しようとすることのワナです。私たちはどうしても「平均」と聞くと「きっとみんなその辺にいるのだろう」と無意識で思ってしまいがちですが、そうではないケースもたくさんあるということです。

平均値だけを見るのではなく、中にあるデータの詳細をしっかり調べることが重要です。平均にだまされてはいけません。

■「バラつき度合い」に注目

ひとつひとつのデータを見ることが大切だとはいえ、データの数が膨大な場合は、すべてのデータをつぶさに拾い上げるのは無理があります。そこで注目したいのが、「**バラつき度合い**」という視点です。先の例では、明らかにK社よりもO社のほうがバラつき度合いが大きいといえます。

バラつき度合いを見るための方法はいくつかあるのですが、本書では、その中でもビジネスシーンでの利用価値が高い「**ヒストグラム**」と「**分散・標準偏差**」を紹介します。ともに、私自身が実際のデータ分析や企業コンサルの場面で、頻繁に活用している方法です。

■「ヒストグラム」で比較する

まず「ヒストグラム」です。これは、データの値をいくつかのまとまった区間で区切り、**それぞれの区間に入るデータの数を柱状のグラフで表わしたもの**です。そのため、「**柱状グラフ**」と呼ばれることもあります。

なお、ヒストグラムと似たものとして「**棒グラフ**」があります。「棒グラフ」は単純に数値の大きさを「棒」の高さで示したグラフで、いろいろなところで目にしたことがあるでしょう。一方で「ヒストグラム」は、その面積にも意味を持たせています。そのため、ヒストグラムでは、「柱」の横幅をいっぱいまで広げて表記します。似ていますが明確に区別されるものですので、注意しておきましょう。

たとえば、K社の年収をヒストグラムで表わすと、下の右のようなグラフになります。平均値の420万円を中心に、ほぼ左右均等にまんべんなく分布している様子が見て取れるでしょう。

一方、O社のヒストグラムは下の左のようになります（ここでは見やすいように、区間の幅を50万円に調整し直しています）。元データの数値そのものを見るよりも、上位2個のデータが突出しているのが一目瞭然ですね。

O社年収のヒストグラム

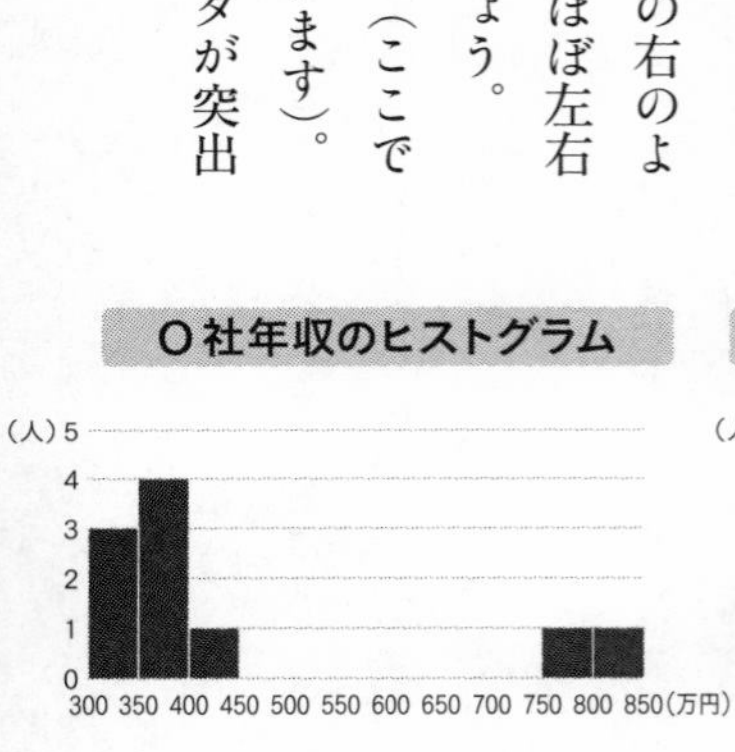

K社年収のヒストグラム

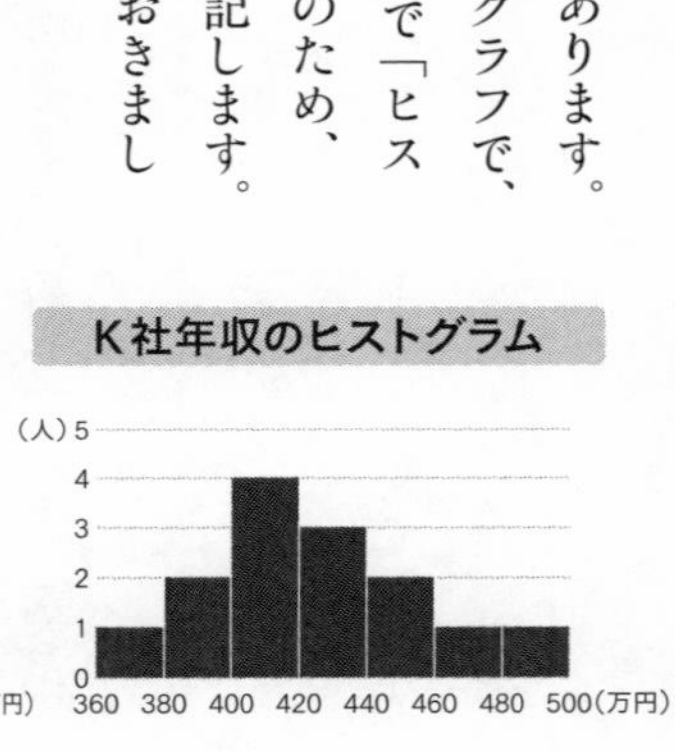

しかも、O社の30代社員の平均年収は455万円でしたが、このような分布のもとではもはやこの平均値はまったく意味をなさないこともわかってもらえると思います。

これはビジネスのいろいろなシーンで応用できます。たとえば小売店の店長が、自分の店舗の業績が全国の自社他店舗と比較してどの位置にあるのかを知りたい時、その平均値と比較するのは1つの方法でしょう。ただ、いま見たように、それだけで「優れている」「劣っている」と判断するのはやや早計かもしれません。

より踏み込んで分析するためには、ヒストグラムが役に立ちます。

エクセルでヒストグラムを作成する

ここで、先ほど見たK社とO社の30代社員年収のヒストグラムを、実際にエクセルを使って作成する方法を紹介しましょう。

実をいうと、ヒストグラムをエクセルで作るには、少し手間がかかります。ただデータの分布を表現するのにとても有効な手法なので、少し長くなりますが細かく説明します。

超便利！

エクセルを使った「ヒストグラム」の作成

❶ まず、区間（統計学の用語で「階級」といいます）ごとに、そこに含まれるデータの個数（これを「度数」といいます）を一覧にします。そのためにCOUNTIF《カウントイフ》という関数を使います。COUNTIF関数を使うと、条件を満たすデータの個数を自動的に数えて（カウントして）くれます。

❷ たとえばK社の年収が360万円以上380万円未満に含まれるデータの個数（社員数）を知りたい場合、セル（図のF3のセル）に「=COUNTIF(」と入力します。

❸（　）の中は、まず数えたい基準となるデータ全体を指定します（ここではB3からB16）。次に「，」で区切り、条件を指定します。ここでは360以上を指定するため、「"」「"」でくくって、「">=360"」と入力します。これで、指定した範囲の中に360以上の数値が何個あるかを出力してくれます。

F3　fx =COUNTIF(B3:B16,">=360")

	A	B	C	D	E	F	G	H
1								
2		K社	O社		K社			
3		370	330		360以上-380未満	=COUNTIF(B3:B16,">=360")		
4		390	330		380以上-400未満			
5		390	340		400以上-420未満			
6		400	370		420以上-440未満			
7		400	370		440以上-460未満			
8		400	390		460以上-480未満			
9		410	390		480以上-500未満			
10		420	420		合計			
11		430	780					
12		430	830					
13		440						
14		450						
15		460						
16		490						
17	平均	420	455					

4 今は360以上380未満のデータの個数を知りたいので、ここから380以上のデータの個数を引くことになります。そこで、続けて「-COUNTIF(」と入力し、同じ範囲を指定し、「">=380"」（380以上）と入力します。

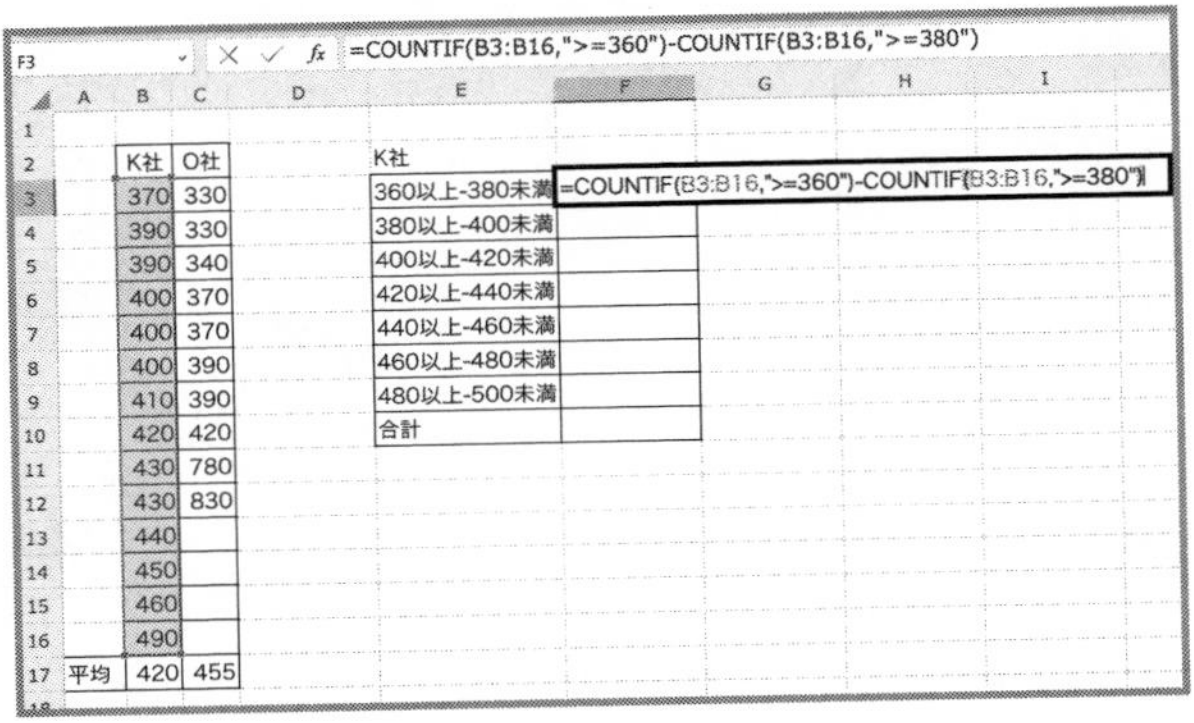

5 これで、指定した範囲のデータのうち、360以上380未満のものだけの個数が表示されます。今のケースは370の1個だけですので、「1」と出力されます。

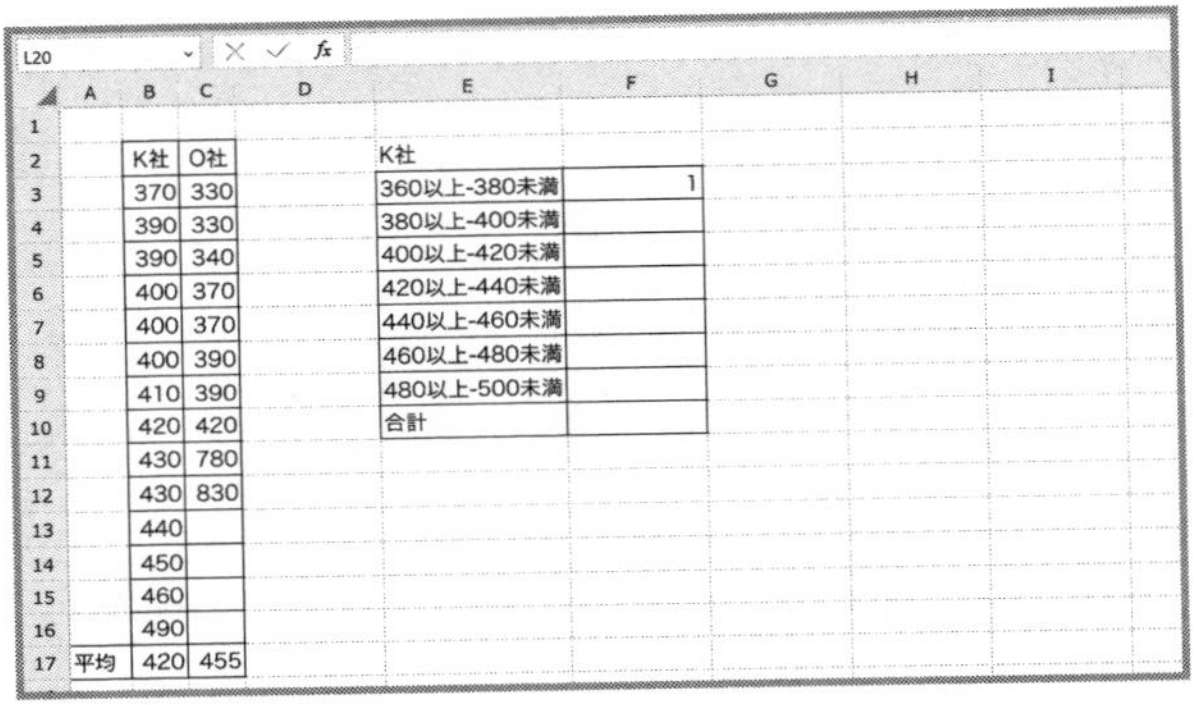

❻ 次に、それぞれの区間ごとで同じように設定します。すると、下の図のようなそれぞれの階級とそこに含まれる度数が示された表ができます（これを「度数分布表」といいます）。

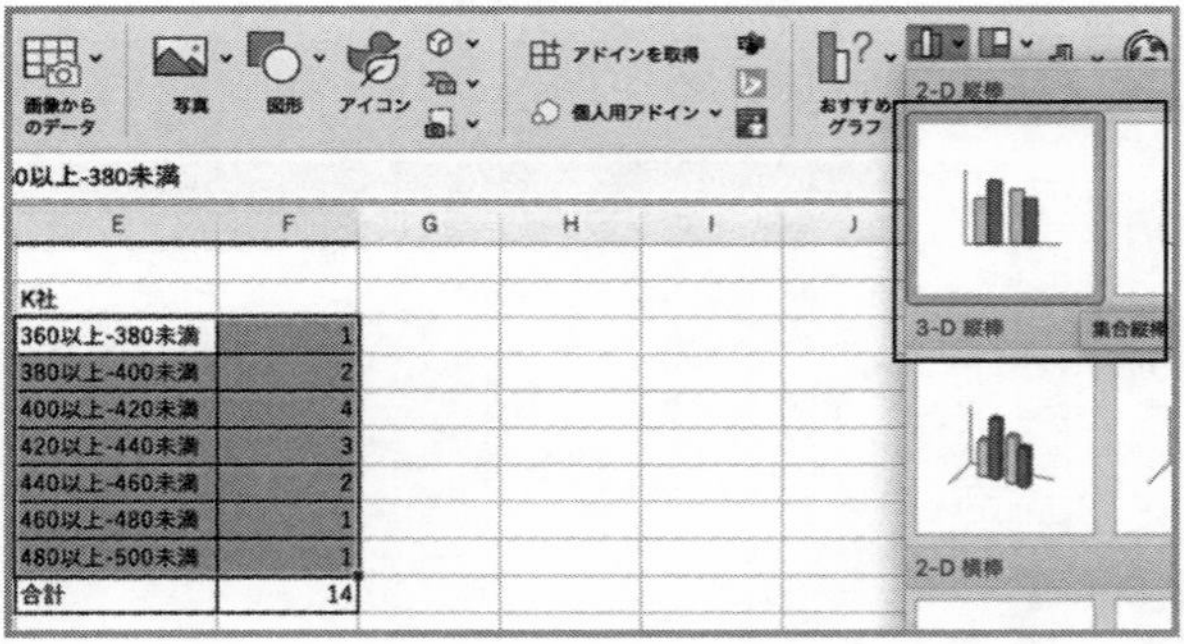

❼ 度数分布表が完成したら、いよいよヒストグラムの作成に移りましょう。上図のように度数分布表のデータをすべて選択し、「挿入」から「集合縦棒」の棒グラフをクリックします（グラフの作成には「ヒストグラム」のメニューもあるのですが、「縦棒」のグラフから作成したほうが見映えよくできあがります）。すると下の図のようなグラフが作成されます。

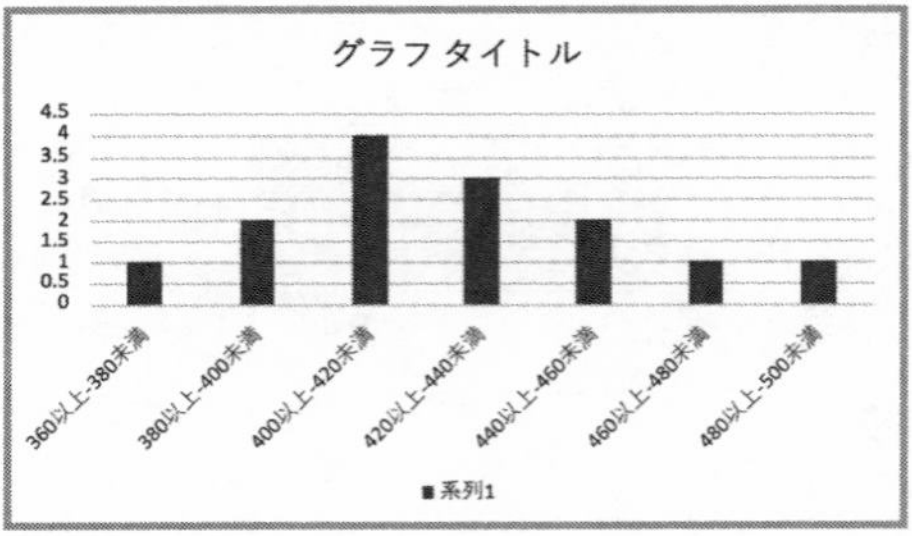

8 先ほど述べたように、ヒストグラムでは、柱と柱の間は隙間を空けないという決まりがあります。そのために、体裁を整えましょう。

グラフ上の柱の箇所を右クリックし、「データ系列の書式設定」を開きます。そこに「要素の間隔」（下図では256%になっています）という項目がありますので、その数値を「0%」にしてください。そうすることで、柱と柱の隙間がなくなり、ヒストグラムの形状になります。

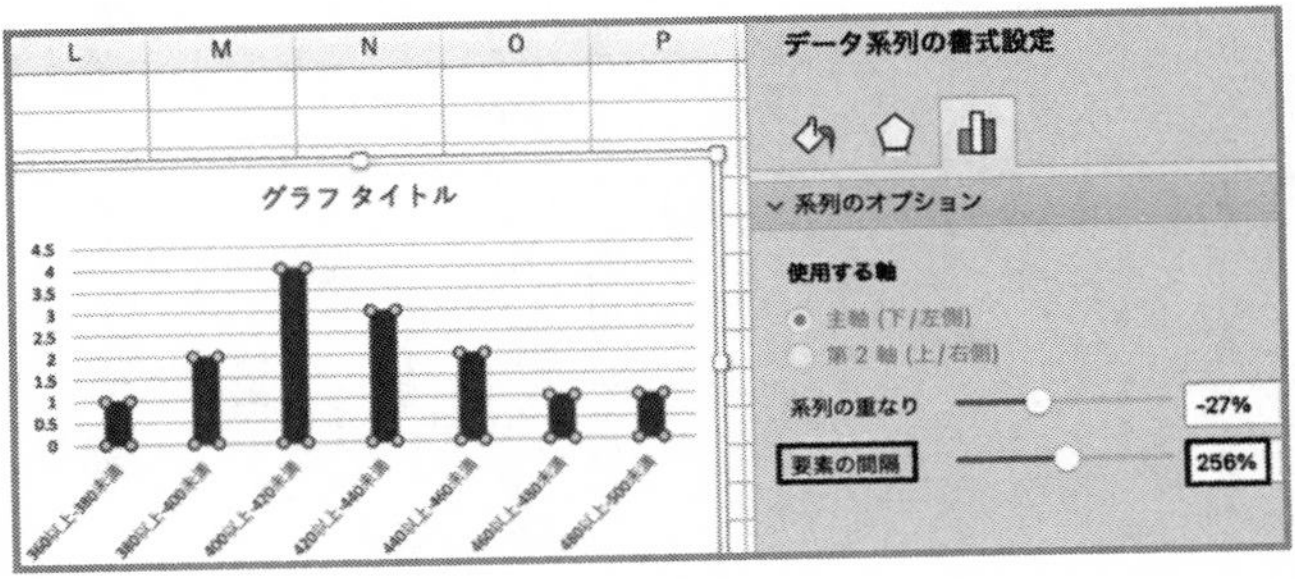

9 あとは必要に応じて、横軸や縦軸などの体裁を整えれば、ヒストグラムの完成です！

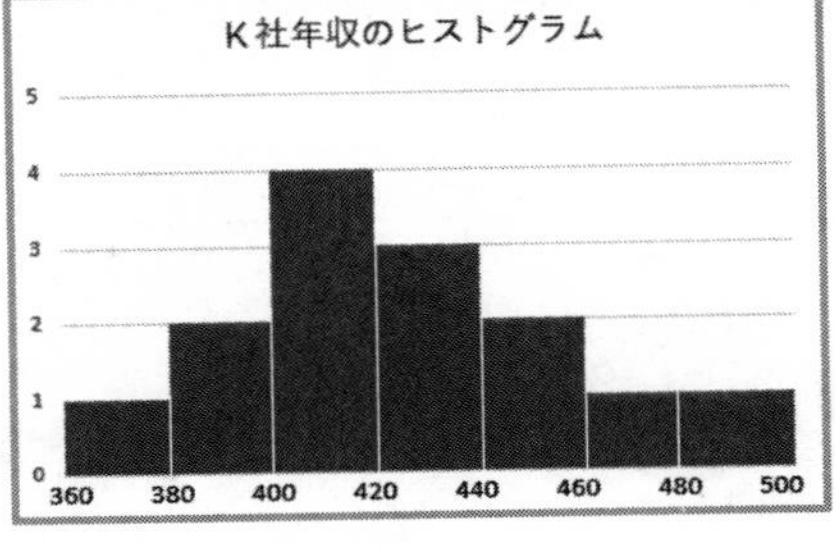

■「老後2000万円問題」世帯は約7割

ヒストグラムは、ビジネスだけでなく、政府から公表される公的統計データでも頻繁に見られます。

その中から、2021年の2人以上世帯の貯蓄額のヒストグラムを紹介しましょう。出所は、総務省統計局が公表している2021年の家計調査報告（貯蓄・負債編）です。

このヒストグラムからは、貯蓄額が100万円未満の世帯が最も多く、全体の10・5％を占めていることがわかります。またグラフには、日本の2人以上世帯の貯蓄額の平均値が1880万円と記されてあります。

少し前に老後2000万円問題が話題になりまし

貯蓄現在高の階級別世帯分布（2021年 2人以上世帯）

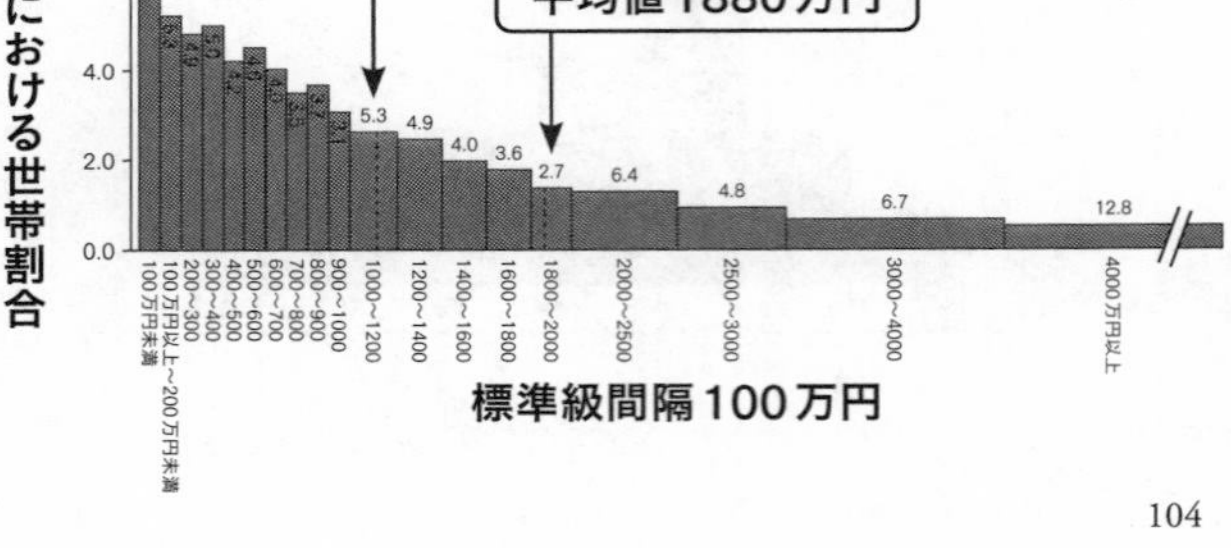

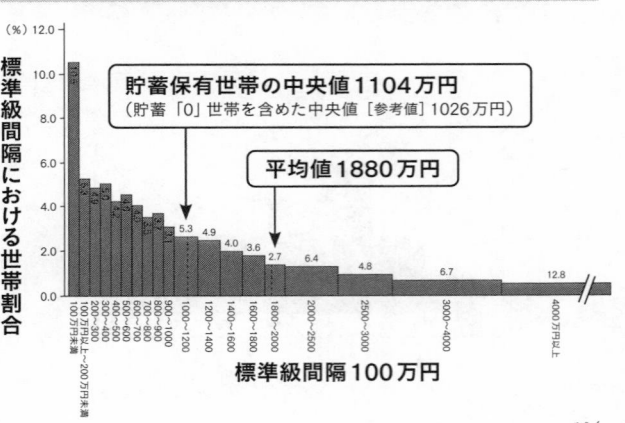

たが、この1880万円という額は想像よりもかなり高いのではないでしょうか？

そのカラクリはもう見抜けますよね。そう、貯蓄額が低い世帯が多くある一方、貯蓄額が極端に高い世帯も一定数存在するため、これが全体の平均額を押し上げているわけです。この章の冒頭に紹介した平均年収とカラクリは同じです。

このグラフを見ると、貯蓄額が2000万円以上の世帯が全部で、6・4＋4・8＋6・7＋12・8＝30・7％（約3割）となっており、逆に2000万円に満たない世帯は、全体の約7割を占めていることがわかります。やはり2000万円という壁は、多くの世帯にとって高く感じるのは無理もないことかもしれません。

■「中央値」で分析する

最後に、グラフにある「**中央値**」についても触れておきましょう。これは言葉どおり、「**ちょうど真ん中にあるデータ**」のことです。

図では「貯蓄保有世帯の中央値」が1104万円とありますが、これは貯蓄がある世帯を貯蓄額の低い（もしくは高い）世帯から順番に数えた場合に、ちょうど真ん中にある世帯の貯蓄額が1104万円であるということを表わしています。

どうでしょう？　こちらのほうが、むしろ私たちの感覚に近いかもしれませんね。

さて、冒頭の年収の例について、中央値で分析するとどのようになるでしょう。

まずK社（30代の社員数14人）の場合は、ちょうど真ん中は7番目（410万円）と8番目（420万円）の平均額、つまり415万円が中央値になります。これは平均値の420万円とほぼ一致します。一方O社（30代の社員数10人）の中央値はというと、5番目（370万円）と6番目（390万円）の平均である380万円になります。

つまり中央値で比べると、O社よりもK社のほうが高いことになるのです！　もし平均値だけでなく中央値もわかっていれば、Mさんは迷わずK社を選べるかもしれません（もちろん、中央値も万能ではありませんので、そこはご注意ください）。

次の項では、「バラつき度合い」の大きさを計算で数値として出す方法を見ていきましょう。キーワードは、「分散」と「標準偏差」です。

「分散・標準偏差」でバラつき度合いがわかる

前の項では、データを平均値だけで判断するのは危険で、その分布や「バラつき度合い」を見ることでより正確に分析できることを示しました。そして、具体的な方法の1つとして「ヒストグラム」を紹介しました。

ここでは別のアプローチとして、**「分散・標準偏差」**を紹介していきましょう。

N課長には営業職の部下が3人いて、いま彼らの業績評価を検討しています。3人とも、営業先の顧客のことを真剣に考え、真摯《しんし》に仕事に取り組んでくれています。

ただ、営業はある意味、結果がすべてです。私もかつては営業職で昼夜汗を流していた時期があるので、このことは身にしみてわかります。

というわけで、3人のこの1年間の営業成績を見てみましょう。次の表8は、3人の1年間の月ごとの営業成績です。

N課長は、これを参考にして、どのように評価しようかと考えています。

年間合計額および月平均額を見ると、A氏とB氏がほぼ同じで、C氏が頭ひとつ抜き出ているのがわかります。

C氏はまず評価できるとして、A氏とB氏の評価は同じと考えてよいでしょうか？　それとも、この2者に違いはあるのでしょうか？

表8 3人の部下の営業成績

	A氏	B氏	C氏
1月	344	482	570
2月	418	345	326
3月	377	307	311
4月	383	523	632
5月	446	391	429
6月	411	435	475
7月	368	329	318
8月	389	422	284
9月	429	360	643
10月	399	418	397
11月	477	511	323
12月	382	351	467
年間合計	4823	4874	5175
月平均	402	406	431

（単位：万円）

■「度数分布表」とヒストグラム

ここまで読み進めてきたあなたなら、平均値だけでは見えないものがあることを知っていますね。そう、平均に加え、「バラつき度合い」を見るのでした。そして、そのためのツールの1つが「ヒストグラム」でした。というわけで、さっそくこの3人の月ごとの営業成績をヒストグラムで表わしてみましょう。

そのためにまず「度数分布表」を作ります。階級の幅を50万円として度数分布表を作った結果が下の表9です。

そして、これをもとにヒストグラムを作ると、次ページのようになります。

表9 50万円の幅で区切った度数分布表

	A氏	B氏	C氏
250万円以上300万円未満	0	0	1
300万円以上350万円未満	1	3	4
350万円以上400万円未満	6	3	1
400万円以上450万円未満	4	3	1
450万円以上500万円未満	1	1	2
500万円以上550万円未満	0	2	0
550万円以上600万円未満	0	0	1
600万円以上650万円未満	0	0	2

A氏

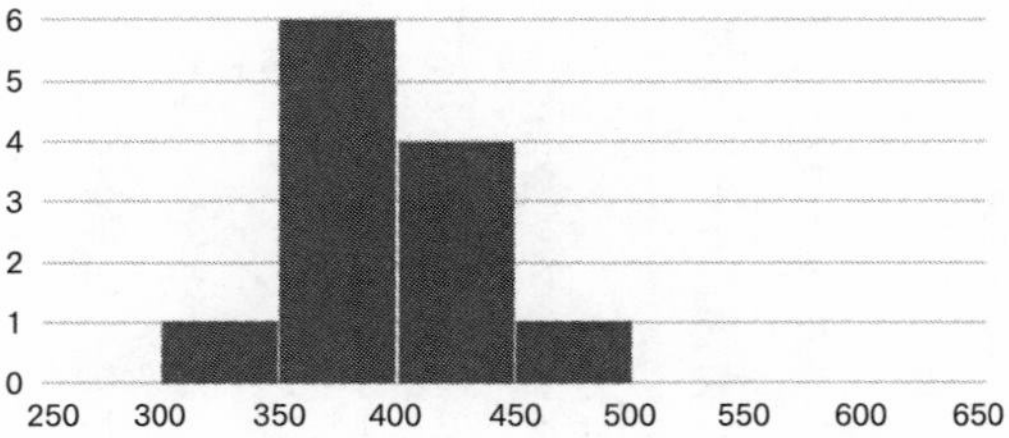
6
5
4
3
2
1
0
250
300
350
400
450
500
550
600
650

B氏

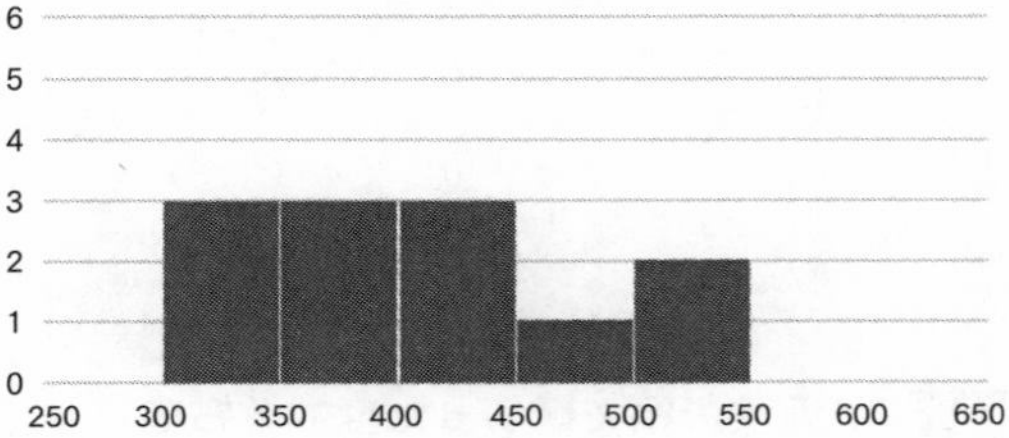
6
5
4
3
2
1
0
250
300
350
400
450
500
550
600
650

C氏

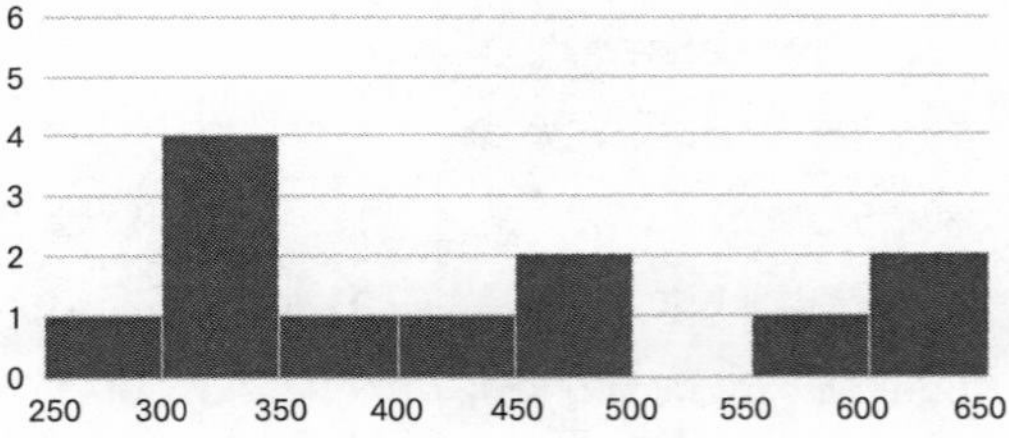
6
5
4
3
2
1
0
250
300
350
400
450
500
550
600
650

ヒストグラムを見ると、A氏とB氏の違いは明らかで、次のようにも解釈できます。A氏は毎月コンスタントに営業成績を上げられており、安定感があるといえるでしょう。一方、爆発的な成果はあまり期待できないかもしれません。

B氏は、毎月のバラつきが大きく安定的とはいえませんが、中には大きく伸びる月もある、と判断できます（A氏は500万円以上の月はありませんが、B氏は2回あります）。A氏とB氏のどちらが優れているかは、ともに一長一短あるので一概にはいえないでしょう。あとはN課長がどのような基準で判断するかの話になってきます。

ただ、そういう意味では、C氏が一番ムラが激しいといえます。時々大きな契約がある反面、それ以外の月はあまりパッとしない（サボっている？）ことが多いこともわかります。

ここは上司の手腕が試されます。おそらくC氏はポテンシャルはあるので、うまくモチベーションを上げさせれば、毎月コンスタントに500万円以上を見込める可能性があるかもしれません。ただ逆にモチベーションが下がった場合、低い数字のままで毎月低空飛行になってしまう危険性もはらんでいるかもしれません。

このようにバラつき度合いを分析することで、いろいろな可能性を推察することができます。また、その仮定のもと、次のアクションプランを実行しやすくなるでしょう。

■「分散・標準偏差」で比較する

ここからいよいよ新しい分析手法「分散・標準偏差」を紹介していきます。

データのバラつき度合いを調べるのに、ヒストグラムは視覚的にわかりやすいのがメリットです。とはいえ、その都度ヒストグラムを作るのはやはり手間がかかります。そこで手っ取り早くバラつき度合いを知りたい時に便利なのが、「分散」と「標準偏差」です。

「分散」と「標準偏差」は双子の兄弟みたいなもので、その意味合いはほとんど同じです。ともに、**あるまとまった数のデータが全体的にどれだけバラついているのか、その度合いの大きさを数値として表わしたもの**です。

このあとエクセルでの計算手順を紹介しますが、「分散」と「標準偏差」の計算方法を簡単にお伝えしておきましょう。

まず「分散」の計算方法です。最初にすべてのデータについて、平均値との差をとります（これを「偏差」といいます）。そしてそれらをすべて2乗します。これにより、平均値からどれだけ離れているかが考慮されます。また2乗するため平均値からプラスに振れている場合もマイナスに振れている場合も、ともにプラスの値の大きさで評価されます。当然、平均値から離れているほうがこの2乗の値は大きくなります。

次に、その2乗した値をすべて足して、最後にデータの個数で割ったものが「分散」です。たとえばA氏であれば、各月の営業成績から平均値の402を引きます（「偏差」）。そしてその12個の偏差をすべて2乗して足します。最後に月数の12で割ります。これでA氏の営業成績の「分散」が計算できることになります。実際に計算すると、約1226となります。

続いて「標準偏差」です。これは「分散」の√（ルート）を計算したものです。たとえば先のA氏であれば、「標準偏差」は√1226になります。これを実際に計算すると約35・0となります（√の計算方法は41ページから43ページを参考にしてください）。

分散で一度すべてのデータを2乗しているので、その逆の操作（√を計算する）をすることで、データの大きさを元のものに戻している、とイメージするとよいでしょう。

このようにA氏、B氏、C氏の分散と標準偏差をそれぞれ計算すると、次のページの表

10のようになります。

「分散」「標準偏差」ともに、その数値が大きいほど、平均値からのズレが大きいデータがたくさんあることを示しています。つまり、バラつき度合いが大きいと判断できます。

A氏からC氏までの分散や標準偏差を見ると、A氏が最も小さく、C氏が最も大きいことがわかります。これは、A氏が最もバラつきが小さく、C氏が最もバラつきが大きいことを示しているわけです。確かにヒストグラムで直感的に見た結果と一致していますね。

なお、この分散と標準偏差のうち、実際の分析では、いくつかの理由から標準偏差のほうが好まれます（数値自体が小さくなって扱いやすい、というのも理由の1つです）。

表10 3人の営業成績の分散と標準偏差

	A氏	B氏	C氏
分散	1226	4712	15043
標準偏差	35.0	68.7	122.7

標準偏差は統計分析をする上で最も重要な指標の1つといえます。その具体的な扱い方については、205ページで詳しく説明します。

ではここで、エクセルを使った計算方法を紹介しましょう。

超便利！

エクセルを使った「分散」の計算

❶ 分散を表示したいセルを選択（図ではB16）し、半角で「=VAR.P《バリアンス》(」と入力します（分散を英語でVARIANCE〈バリアンス〉といいます）。なお分散を計算する関数には、「VAR.P」と「VAR.S」の２種類があるのですが、単純な分散を計算したい場合は「VAR.P」のほうを使います。

❷ 次に分散を計算したいデータを選択します（図ではB2からB13）。

B16 | =VAR.P(B2:B13

	A	B	C	D
1		A氏	B氏	C氏
2	1月	344	482	570
3	2月	418	345	326
4	3月	377	307	311
5	4月	383	523	632
6	5月	446	391	429
7	6月	411	435	475
8	7月	368	329	318
9	8月	389	422	284
10	9月	429	360	643
11	10月	399	418	397
12	11月	477	511	323
13	12月	382	351	467
14	合計	4823	4874	5175
15	月平均	401.92	406.17	431.25
16	分散	=VAR.P(B2:B13		
17	標準偏差	VAR.P (数値1, [数値2], ...)		

❸ そしてエンターキーを押せば、瞬時に分散の値（1225.91）を計算してくれます。

❹ これでA氏の分散が計算できました。B氏とC氏については、オートフィルを使ってコピーしましょう。C16に4712.31、D16に15043.69と表示されるはずです。

B16 =VAR.P(B2:B13)

	A	B	C	D
1		A氏	B氏	C氏
2	1月	344	482	570
3	2月	418	345	326
4	3月	377	307	311
5	4月	383	523	632
6	5月	446	391	429
7	6月	411	435	475
8	7月	368	329	318
9	8月	389	422	284
10	9月	429	360	643
11	10月	399	418	397
12	11月	477	511	323
13	12月	382	351	467
14	合計	4823	4874	5175
15	月平均	401.92	406.17	431.25
16	分散	1225.91	4712.31	15043.69
17	標準偏差			

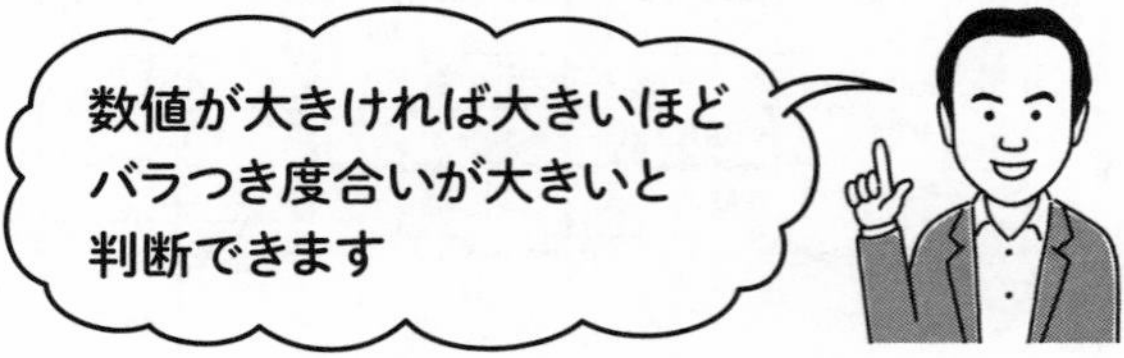
数値が大きければ大きいほど
バラつき度合いが大きいと
判断できます

超便利！

エクセルを使った「標準偏差」の計算

❶ 標準偏差を表示したいセル（図ではB17）に「=STDEV.《スタンダード・ディビエーション》P(」と入力します（標準偏差を英語でSTANDARD DEVIATION〈スタンダード・ディビエーション〉といいます）。標準偏差の関数も「STDEV.P」と「STDEV.S」があるのですが、単純な標準偏差の計算では「STDEV.P」を使います。

❷ 標準偏差を計算したいデータを選択（図ではB2からB13）し、エンターキーを押せば、標準偏差の値（35.01）が表示されます。

❸ B氏とC氏の標準偏差は、同じようにオートフィルで計算できます。B氏が68.65、C氏が122.65と表示されればOKです。

B17　fx　=STDEV.P(B2:B13)

	A	B	C	D
1		A氏	B氏	C氏
2	1月	344	482	570
3	2月	418	345	326
4	3月	377	307	311
5	4月	383	523	632
6	5月	446	391	429
7	6月	411	435	475
8	7月	368	329	318
9	8月	389	422	284
10	9月	429	360	643
11	10月	399	418	397
12	11月	477	511	323
13	12月	382	351	467
14	合計	4823	4874	5175
15	月平均	401.92	406.17	431.25
16	分散	1225.91	4712.31	15043.69
17	標準偏差	35.01	68.65	122.65

マーケティングにデータ分析をフル活用する

「これまで蓄積されたデータはたくさんあるけれど、眠ったままで十分に使い切れていない」と悩んでいる会社は本当に多くあります。

統計データは、全部「数字」です。そしてそれらの数字は、当たり前ですが何も話してはくれません。じーっとその数の羅列とにらめっこしても、時間が無駄に過ぎていくだけです。ですので、この数の羅列をどのように料理するか、その手法を知らないことにはどうしようもないわけです。

ここでは、これまで紹介した様々な指標や手法を使って、実際どのようにデータ分析をするのかを体感してみましょう。

E社はチェーン店を展開する小売業です。

表11は、E社の代表的な店舗であるA店とB店における、2022年の広告宣伝費・来

店客数・売上高の月次データです。

このデータからどんなことが読み取れるでしょうか？　また、E社として今後どのようなアクションプランが考えられるでしょうか？

すぐに思い浮かぶのは、２店舗の広告宣伝費、来店客数、売上高の「月平均をとる」ことでしょう。

■エクセルで平均値を計算する

平均値をエクセルで計算する時は、AVERAGE《アベレージ》関数を使います。

表11 E社の店舗別広告宣伝費、来店客数、売上高

	広告宣伝費（千円）		来店客数（人）		売上高（千円）	
	A店	B店	A店	B店	A店	B店
1月	90	95	3,483	4,855	1,856	2,860
2月	80	84	2,634	4,056	1,393	2,373
3月	74	78	3,278	4,853	1,747	2,868
4月	88	93	4,052	3,593	2,152	2,113
5月	67	71	3,016	4,023	1,586	2,357
6月	64	67	2,671	4,407	1,418	2,574
7月	117	123	4,768	4,268	2,522	2,535
8月	107	112	4,675	4,534	2,478	2,684
9月	71	75	2,719	4,533	1,427	2,673
10月	79	83	5,062	5,680	2,713	3,334
11月	83	87	2,978	4,477	1,566	2,615
12月	129	136	5,137	5,436	2,733	3,224

超便利！

エクセルを使った「平均値」の計算

❶ 平均値を表示したいセル（図ではB16）をクリックし、「=AVERAGE《アベレージ》(」と入力します。

❷ その後、平均値を計算したい数値をすべて選択します（図ではB4からB15）。

そしてエンターキーを押せば、平均値が表示されます（結果は87となります）。

❸ オートフィルでB16のセルをG16までコピーすれば、各項目の平均値が計算できます。

B16　=AVERAGE(B4:B15)

	A	B	C	D	E	F	G
1							
2		広告宣伝費（千円）		来店客数（人）		売上高（千円）	
3		A店	B店	A店	B店	A店	B店
4	1月	90	95	3,483	4,855	1,856	2,860
5	2月	80	84	2,634	4,056	1,393	2,373
6	3月	74	78	3,278	4,853	1,747	2,868
7	4月	88	93	4,052	3,593	2,152	2,113
8	5月	67	71	3,016	4,023	1,586	2,357
9	6月	64	67	2,671	4,407	1,418	2,574
10	7月	117	123	4,768	4,268	2,522	2,535
11	8月	107	112	4,675	4,534	2,478	2,684
12	9月	71	75	2,719	4,533	1,427	2,673
13	10月	79	83	5,062	5,680	2,713	3,334
14	11月	83	87	2,978	4,477	1,566	2,615
15	12月	129	136	5,137	5,436	2,733	3,224
16	平均値	87	92	3,706	4,560	1,966	2,684

各項目で平均値を計算した結果が、下の表12です。ここから、A店よりもB店のほうが、すべての項目で大きいことがわかります。

これは確かに1つの気づきではありますが、この結果を次のアクションにどう結びつけるか、といわれると、「A店頑張れ！」くらいがせいぜい関の山でしょう（笑）。しかも、これは立地環境などの影響も大きいので、ここから単純に「A店が劣っている」という判断は早計です。

■エクセルで客単価を計算する

では、「客単価」ならどうでしょう。客単価とは、来店客1人あたりの売上高のことで、「売上高÷来店客数」で計算できます。この数値が大きいということは、1人の来店客に対し多く販売できたということで、効率的に販売活動が行なわれている、と判断することができます。

実際に両店舗の各月の客単価および客単価の月平均をエクセルを使って計算してみましょう。

表12 店舗ごとの平均値

	広告宣伝費（千円）		来店客数（人）		売上高（千円）	
	A店	B店	A店	B店	A店	B店
平均値	87	92	3,706	4,560	1,966	2,684

超便利！

エクセルを使った「客単価」の計算

❶ たとえばA店の1月の客単価（H4のセル）を計算するためには、「1月の売上高÷来店客数」を計算すればよいので、「=F4/D4」と入力すればOKです。

❷ なおサンプルの数式では、F4の売上高の単位が「千円」なので、単位を「円」にするために「*1000」と加えています。

❸ A店についてはH4のセルをオートフィルでH16までコピーします。また、B店の列（I列）についても同様に計算式を入れると、下のような結果になります。

I4 =G4/E4*1000

	A	B	C	D	E	F	G	H	I
1									
2		広告宣伝費（千円）		来店客数（人）		売上高（千円）		客単価（円）	
3		A店	B店	A店	B店	A店	B店	A店	B店
4	1月	90	95	3,483	4,855	1,856	2,860	533	589
5	2月	80	84	2,634	4,056	1,393	2,373	529	585
6	3月	74	78	3,278	4,853	1,747	2,868	533	591
7	4月	88	93	4,052	3,593	2,152	2,113	531	588
8	5月	67	71	3,016	4,023	1,586	2,357	526	586
9	6月	64	67	2,671	4,407	1,418	2,574	531	584
10	7月	117	123	4,768	4,268	2,522	2,535	529	594
11	8月	107	112	4,675	4,534	2,478	2,684	530	592
12	9月	71	75	2,719	4,533	1,427	2,673	525	590
13	10月	79	83	5,062	5,680	2,713	3,334	536	587
14	11月	83	87	2,978	4,477	1,566	2,615	526	584
15	12月	129	136	5,137	5,436	2,733	3,224	532	593
16	平均値	87	92	3,706	4,560	1,966	2,684	530	589

このように、A店とB店の各月の客単価とその平均値を計算した結果は、表13のようになります。ここから、客単価もB店のほうが優れていることがわかります。

これは1つのヒントになりますね。客層（年齢・所得など）の違いも考えられますが、仮に客層が同じ場合、もしB店が行なっている施策でA店が行なっておらず、かつ今後A店でも実践が可能なものがあれば、それをA店でも取り入れる、というのは1つの有効なアクションとして考えられます。

表13
店舗ごとの月客単価

	客単価（円）	
	A店	B店
1月	533	589
2月	529	585
3月	533	591
4月	531	588
5月	526	586
6月	531	584
7月	529	594
8月	530	592
9月	525	590
10月	536	587
11月	526	584
12月	532	593
平均	530	589

■来店客数などの標準偏差を計算する

さあ、次は何をやってみましょうか？

「平均だけで見えないものは、バラつき度合いを考える」とこれまで再三お伝えしてきました。そしてバラつき度合いを調べるために使う代表的な指標が、「標準偏差」でした。

標準偏差が大きいとバラつきが大きく（つまり月ごとの変動が激しく）、逆に標準偏差が小さいとバラつきが小さい（つまり月ごとの変動が小さい）、ということを表わしているのでしたね。

実際にA店とB店の広告宣伝費・来店客数・売上高・客単価それぞれについて標準偏差を計算すると表14のような結果になります。

この結果について、特に注目したい箇所があります。A店の来店客数の標準偏差です。

今はデータがこの2店舗しかないので断定はできませんが、少なくともB店に比べてA店の来店客数の標準偏差がかなり大きいことが読み取れます。これは、B店に比べてA店は月ごとの来店客数の振れ幅が大きい、ということを表わしています。

この結果をもとに、なぜこのような現象が起こっているのかの原因探しをするわけです。それは地域的、気候的な要因なのか、マーケティング的な要因なのか、店舗のオペレーションによるものなのか……。

表14 店舗ごとの標準偏差

	広告宣伝費		来店客数		売上高		客単価	
	A店	B店	A店	B店	A店	B店	A店	B店
標準偏差	19.5	20.5	936	562	503	335	3.19	3.30

場合によっては、他の月よりも来店客数が少ない月に何かキャンペーンをすることで、その月の来店客数を増やす余地があるかもしれません。広告宣伝の強化を検討するのも1つかもしれません。もしそれがうまくいけば、年間売上高の伸びも期待できるでしょう。

■広告宣伝費の相関を見る

というわけで、続いて広告宣伝費の項目を見ていきましょう。

広告宣伝には様々な目的がありますが、最大の目的は来店客数を増やすことでしょう。そして店に来てくれたお客さんに効果的に販売促進ができれば、売上につながります。

通常は、広告宣伝費を増やせばそれだけ来店客数や売上高が上がると想定されます。そこで、実際にそうなっているのか、さらにどれくらい広告宣伝費と来店客数・売上高の間に関係性があるのかを知りたくなります。そうです、「相関」を見ていくわけです。

具体的には「散布図」を描いたり「相関係数」を計算したりするのでした。というわけで、さっそく散布図を描いてみました。

次の4つの図は、A店B店それぞれの「広告宣伝費（横軸）と来店客数（縦軸）」と「広告宣伝費（横軸）と売上高（縦軸）」の様子を表わした散布図です。

これらを見比べて気づくことは何でしょう？

A店

広告宣伝費－来店客数

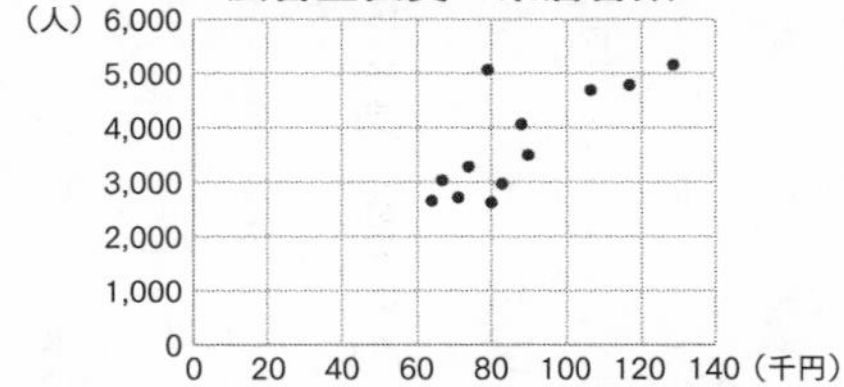

広告宣伝費－売上高

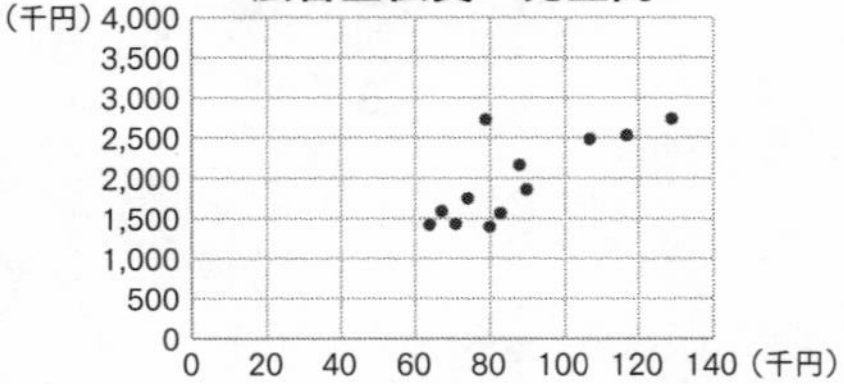

B店

広告宣伝費－来店客数

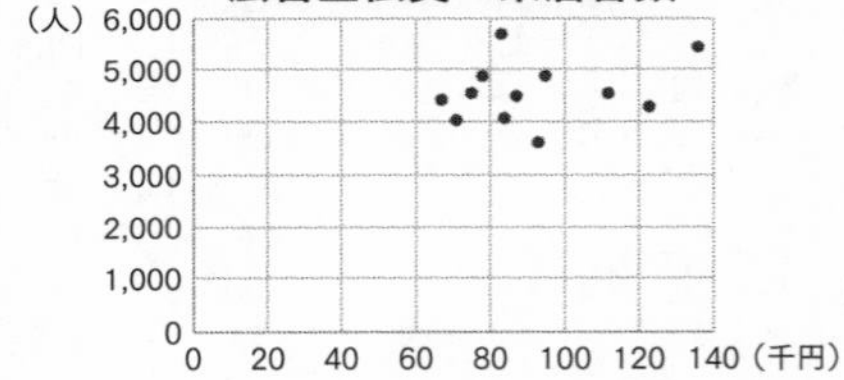

広告宣伝費－売上高

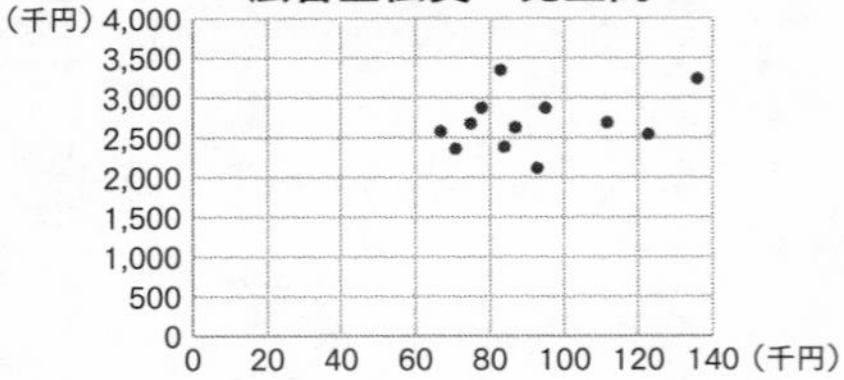

A店は広告宣伝費と来店客数についての点の分布、広告宣伝費と売上高についての点の分布が、ともに全体的に右上がりになっています。つまり、これらの間に正の相関があることが読み取れます。

一方でB店は、点が全体にバラけており、A店と比較して右上がりの傾向はあまり見られません。つまり相関がないように見えます。

そこで、71ページの方法を使って、実際に相関係数を計算してみましょう。その結果が下の表15です。

相関係数は、1に近いほど（正の）相関が強く、0に近いほど相関がないのでした。A店については、広告宣伝費と来店客数・売上高の相関係数はともに0・77程度なので、明らかに相関があると結論づけられます。

一方、B店の相関係数は0・25〜0・28程度と、相関はごく僅かです。むしろこれくらいの数値なら「相関はない」といってもいいぐらいのレベルです。

これはつまり、A店は広告宣伝費をかけるほど来店客数と売上高が高く

表15 店舗ごとの相関係数

	A店	B店
広告宣伝費－来店客数	0.775	0.252
広告宣伝費－売上高	0.768	0.283

なる傾向にありますが、B店では広告宣伝費が来店客数・売上高にあまり寄与していないことを意味しているといえます。

これは大きな発見です。これには様々な理由が考えられるでしょう。もし広告宣伝のやり方がA店とB店で違うようなら、B店はA店のやり方を参考にすることで、より来店客数と売上を伸ばすことができるかもしれません。

また、もしA店とB店ともに同じ広告宣伝のやり方をしていたとすると、A店には効果があるが、B店には効果がないことになります。その場合、顧客の属性（嗜好《しこう》・所得など）がA店とB店で違うことが想定されますので、B店の顧客層に合ったマーケティング方法を検討し直す必要があるかもしれません。

「外れ値」を見つける

さて、126ページのA店の散布図を見て他に気になるところはないでしょうか？

全体的に右上がりの分布になっている中で、1つだけ上に外れている点が見つかりませんか？

　ここで119ページ表11の元のデータに戻ってみましょう。よく見ると、この点は10月のもの（広告宣伝費7万9000円、来店客数5062人、売上高271万3000円）であることがわかります。実はB店についてもよく見ると、10月は他の月よりも点がやや上のほうに逸《そ》れているのがわかります（広告宣伝費8万3000円、来店客数5680人、売上高333万4000円）。

　ここから10月だけに関しては、広告宣伝費以外の要因が、来店客数や売上高を押し上げている、と読むことができます。それはもしかしたらハロウィン効果かもしれませんし、思いも寄らない他の要因があるかもしれません。

　いずれにせよ、ここは調べてみる価値がありそうです。これも散布図を描いたからこそわかることといえるでしょう。

　このように、全体の分布から外れた点のことを「**外《はず》れ値《ち》**」といいます。これを発見した場合は、その原因を究明することが重要です。

　今回のようにプラスのものもありますが、マイナスのものもあります。たとえば製造業でもよく散布図が使われますが、この「外れ値」が原因で製造ラインの停止や機械の故障などを引き起こし、重大な損失が発生してしまう危険性もあります。このような場合は、一刻も早く原因の特定を急ぐことが求められます。

散布図を描いて明らかな外れ値を見つけたら、そこに大きなヒント（あるいはリスク）があると思って、その原因を探るようにしていきましょう。

「外れ値」は本来の傾向から外れたデータですので、これがあるかないかで相関係数に大きな影響を与えることになります。

実際にこの10月のデータを除いた場合の相関係数を計算すると、表16のようになります。A店は、広告宣伝費と来店客数・売上高の相関係数がともに約0・16上昇し、B店も同じく約0・16上昇していることがわかります。

「外れ値」を除いたデータでは、点の分布はより強い相関を示すことになるため、このように相関係数の数値がぐんと上がることになるわけです。

表16 「外れ値」を除いた相関係数

	A店	B店
広告宣伝費ー来店客数	0.933	0.418
広告宣伝費ー売上高	0.932	0.448

コラム

「偏差値」の意味と計算方法を知る

受験の際に特に注目される数字が「偏差値」。「○○大学は偏差値が55」とか、「模試で偏差値が60を超えた」とか、いろいろな場面でこの言葉が使われます。

この「偏差値」というのは一体何ものなのでしょう？「数が大きいほうがいい」というのはわかると思います。「50がちょうど真ん中」というイメージも持っているかもしれません。

ここでは、「偏差値とは一体何か？」という疑問にお答えしていきましょう。

偏差値の計算のもとになるのは、受験者全体の平均点と、そして標準偏差です。標準偏差とは、集団全体のバラつき度合いの大きさを表わしているのでした。

この2つの数値は、受験者全員の点数が出れば、自《おの》ずと決まることになります。
そして、その集団の中に、自分の点数があります。
偏差値の計算は、まず自分の点数と平均点の差を計算します。

「自分の点数」－「全体の平均点」

これは112ページで触れた「偏差」のことです。これがプラスであれば平均点以上、マイナスであれば平均点以下ということになります。
次に、これを標準偏差で割ります。

(「自分の点数」－「全体の平均点」)÷「標準偏差」

なお割り算の計算は、次のように分数で表記しても同じ意味になります。

（「自分の点数」－「全体の平均点」）／「標準偏差」……★

分数の形で表記するほうが一般的ですので、以降はこの表記の仕方で進めていきます。

この計算は「自分の点と平均点との差が、標準偏差いくつ分にあたるか」を表わしています。

もし標準偏差が小さければ、この値は大きくなります。

「標準偏差が小さい」とは、全体のバラつきが小さいことを意味していましたね。そんな状況で、自分の点と平均点との差が大きければ、それは「すごい」ことを意味することになります。その場合、★の値が大きくなるわけです。

つまり、この★の値が大きいか小さいかによって、全体の中でどの程度「すごい」かが数値として表わされるわけです。

これですでに「すごい」度合いは計算できているのですが、ここからさらに2つの味付けをしていきます。まず、先ほどの★の式、

（「自分の点数」－「全体の平均点」）／「標準偏差」

に10を掛けます。これは単純に、動きが小さいと判別がしにくいので、はっきりわかるようにわざわざ10を掛けた、という操作になります。つまり、これで分布が広がるわけです。

次に、いま計算した、

{（「自分の点数」－「全体の平均点」）／「標準偏差」}×10

に50を加えます。

この50がなければ、自分の点数が平均点と同じ人は「0」になり、自分の点数が平均を下回ればマイナス、平均を上回ればプラスになります。

それでもよいのですが、「平均点を取った人がちょうど50になる」ほうが感覚的にわかりやすいため、便宜上50を足しているわけです。

こうすると、偏差値50ならちょうど平均点と同じ、偏差値が50を上回ると平均以上、50を下回ると平均以下、ということになります。

というわけで、これで偏差値の式が完成です。

{(「自分の点数」−「全体の平均点」)／「標準偏差」}×10＋50

以上が偏差値の意味と計算の仕方です。

ちなみに、偏差値は状況によっては100を超えたり、マイナスになったりすることもあります。

偏差値の本来の意味からいうと、「今回のテストで偏差値が60だった」というのは正しいのですが、「偏差値が60の大学」という表現は、実際は適切ではないわけです(たとえば「受験生全体の中で合格確率が80%となる偏差値」という表現なら正しいです)。

ですので、たとえば模試を受ける生徒の層が変われば、試験問題も自分の点数もまったく同じであったとしても、その試験における偏差値は変わってきます。

どこか「偏差値＝学力」みたいな風潮がありますが、実は偏差値というのはあってないような幻みたいなものなのです。参考程度にはいいかもしれませんが、偏差値の本来の成り立ちを考えれば、偏差値偏重主義みたいなものはやや疑わざるをえません。もちろん物差しとして手っ取り早くはあるのですが。

このように、世の中では当たり前のように使われている数字であっても、ちゃんと考えてみるとよくわからない、というのは結構あったりします。つまり、数学リテラシーが問われるわけです。

第4章

直近のトレンドを読む

「回帰分析」を使って予測する

73ページで、最高気温とかき氷販売数のデータから、ある最高気温でのかき氷販売数を予測したのを覚えているでしょうか？　そのときに使った手法が、「回帰分析」でした。

実はこの回帰分析は、時系列で表わされたデータにも活用することができます。

時系列データとは、日・月・年などの時間の経過にともなって変化するようなデータのことで、よく折れ線グラフで見ることが多いでしょう。たとえば勤務年数と給与の関係、年間売上高の変化の様子、国のGDPの推移など、私たちの周りにはたくさんの時系列データがあります。

このような時系列データのうち、**全体の傾向が右上がり（または右下がり）になっているものについては、回帰分析を応用することで、将来にわたっての販売数を予測することが可能**です（上がり下がりの傾向のない時系列データなら、143ページで紹介する「移動平均」などを検討します）。

メーカーのP社は、18か月前に新商品を発売しました。発売後から現在までの18か月間における毎月の販売数が、表17のとおりであったとします。

このデータから、回帰分析の手法を応用して、将来の販売予測をしていきましょう。

表17
P社新商品の月別販売数

経過月	販売数（個）
1	215
2	287
3	301
4	341
5	320
6	364
7	444
8	460
9	491
10	500
11	458
12	503
13	523
14	564
15	566
16	601
17	572
18	609

エクセルで回帰分析をする

まずはこのデータをエクセルに打ち込み、散布図を描いていきましょう（散布図の作り方は68ページを参考にしてください）。すると、次ページのグラフが描けます。

繰り返しになりますが、回帰分析をするためには、分布全体が右上がり（や右下がり）といった傾向をもっていることが条件です。今回は目で見て確かに全体に右上がり（つまり、月が経過するにしたがい販売数が増えている）になっていますので、回帰分析による手法は有効といえます。

もちろん、この傾向が今後も続くという保証はどこにもありません。経済状況やその他の外部的な要因で、傾向が変わることも当然あるでしょう。

でも、だからといってシミュレーションがまったく無意味であるとも言い切れません。「将来もこの傾向が続く」という前提のもとで予測することは、1つの「目安」としての役割を十分果たせるといえます。信じ切るのはダメですが、参考としての意味は小さくないはずです。

では、続けて回帰直線の式を表示してみましょう。こち

経過月ごとの販売数

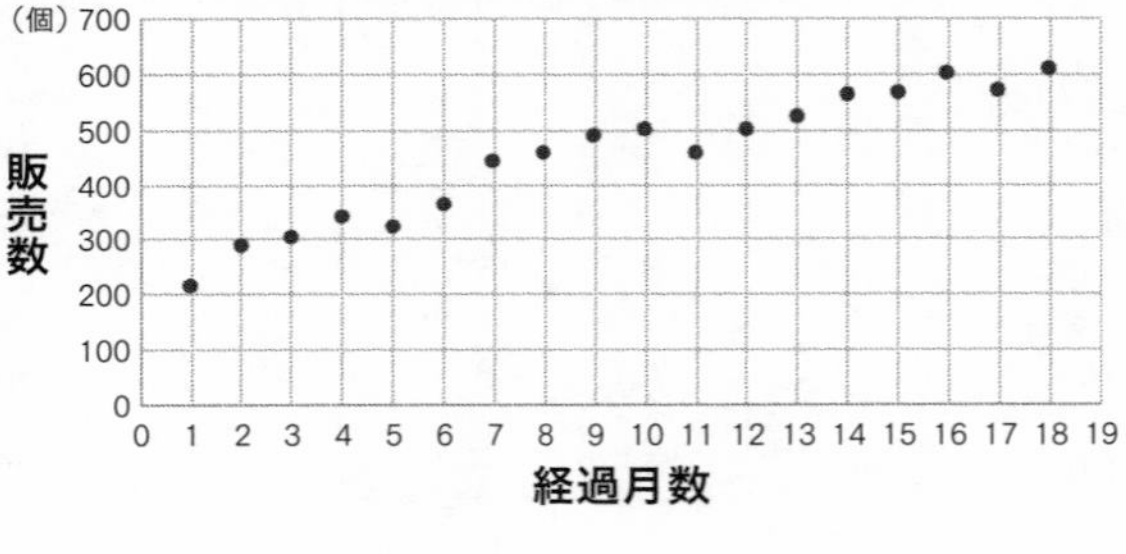

らも75ページを参考にしてみてください。

すると、下のように「y＝21・625x＋245・61」と計算されました。

この式をもとに、19か月後以降の予測販売数を計算していきましょう。

ここでもエクセルを使います（結果は次のページ）。

たとえば19か月目の予測値を表記するには、B2のセルに「=21.625＊A2+245.61」と入力すればOKです。個数なので整数値で表記するように設定するとよいですね。

その先、たとえば36か月後までの販売予測をしたければ、B19のセルまでオートフィルでコピーすれば、次のように一気に計算してくれます。

経過月ごとの販売数

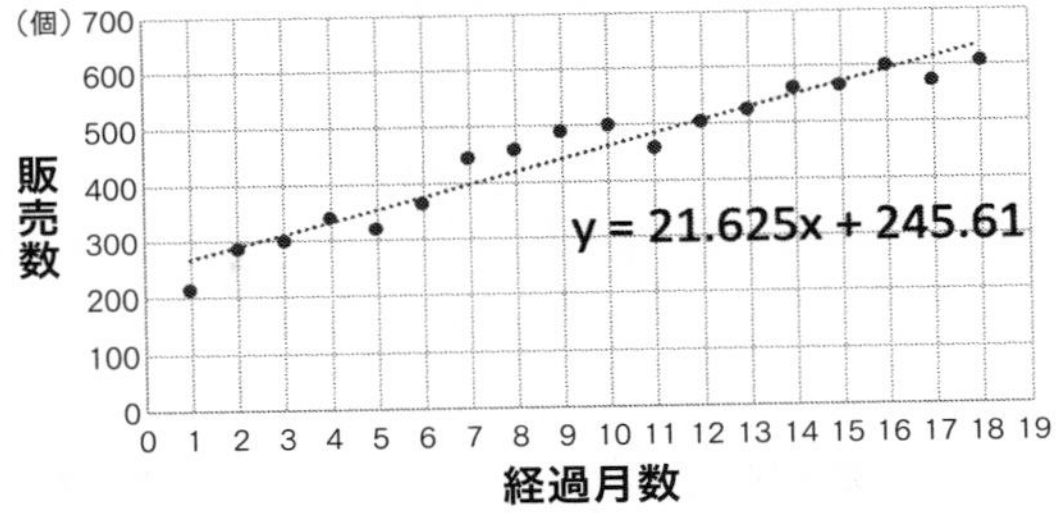

	A	B
1	経過月	販売数
2	19	656
3	20	678
4	21	700
5	22	721
6	23	743
7	24	765
8	25	786
9	26	808
10	27	829
11	28	851
12	29	873
13	30	894
14	31	916
15	32	938
16	33	959
17	34	981
18	35	1002
19	36	1024

ここから、過去のペースで今後も順調に伸びれば、35か月目あたりで販売数が1000個を超えるという予測が立つことになります。

ただ、日ごとや月ごとの時系列データは、曜日や季節などの周期的な影響を受けることが多いので、そこには注意が必要です。たとえばかき氷などは季節の影響を大きく受けることになるので、年間を通しての分析には不向きといえるでしょう。

たとえばWebサイトへのアクセス数や、店舗の売上など順調に伸びているデータがあれば、回帰分析は試してみる価値があるといえます。

「移動平均」を使って予測する

第1章では平均増加率を使った将来予測、月や曜日の変動を考慮した売上予測、そして先ほどは回帰分析を使った将来の販売予測を見てきました。

続いてここでは、「**移動平均**」による分析の方法を紹介しましょう。これも時系列データを扱う際にとても有効な手法です。

■「移動平均線」で大きな流れを見る

時系列データを扱う場合、実際はいろいろな変動要因が入り込んできます。

たとえば店舗の来店客数1つを例にとっても、季節による影響、曜日ごとの変動、あるいは当日の天候や気温もその増減に影響を与えるはずです。さらには、地域の行事や日本中が注目するスポーツイベントの開催など、実に様々な要因がその時々の来店客数に影響を与えることになります。

このような大小様々な影響を受けて、来店客数は日々変動します。すると場合によっては、「そのような変動要因をなるべく排除して、大きな全体の流れを見たい」ということもあるでしょう。いま**全体として上がっているのか、下がっているのか、そのトレンドをとらえる**ためには、どのような方法があるでしょうか？

そこで登場するのが「移動平均線」です。

株式投資を経験したことがある人なら馴染みがあるでしょう。日足《ひあし》チャート（毎日の株価の動きを示した図）なら5日線、25日線、75日線、週足《しゅうあし》チャート（毎週の株価の動きを示した図）なら13週線、26週線といったものがあります。

たとえば25日線（正確には25日移動平均線）とは、その日を含めた過去25日間の株価の終値の平均値を計算し、それを結んだグラフのことです。

たとえば次ページの図はある会社の株価チャートです。この矢印で指しているグラフが25日移動平均線です。

移動平均線を描くメリットとして、過去25日間の平均をとるため、その中に含まれるある日がイレギュラーな動きをしたとしても、その影響が軽減されることになります。これによって、細かな変動の影響が抑えられ、大きな目で動きをとらえることができるわけです。

ですので、5日移動平均線よりも25日移動平均線のほうが、25日移動平均線よりも75日移動平均線のほうが、より全体の動きを緩やかに表現できることになります。その理由は、平均をとる日数が多いほど、日々の変動要因の影響が小さくなるからです。

移動平均線は、株価だけでなくビジネスでも広く活用されています。

私たちが日頃利用しているコンビニの来店客数を例にとってみましょう。たとえば、過去90日間の来店客

ある会社の株価チャート

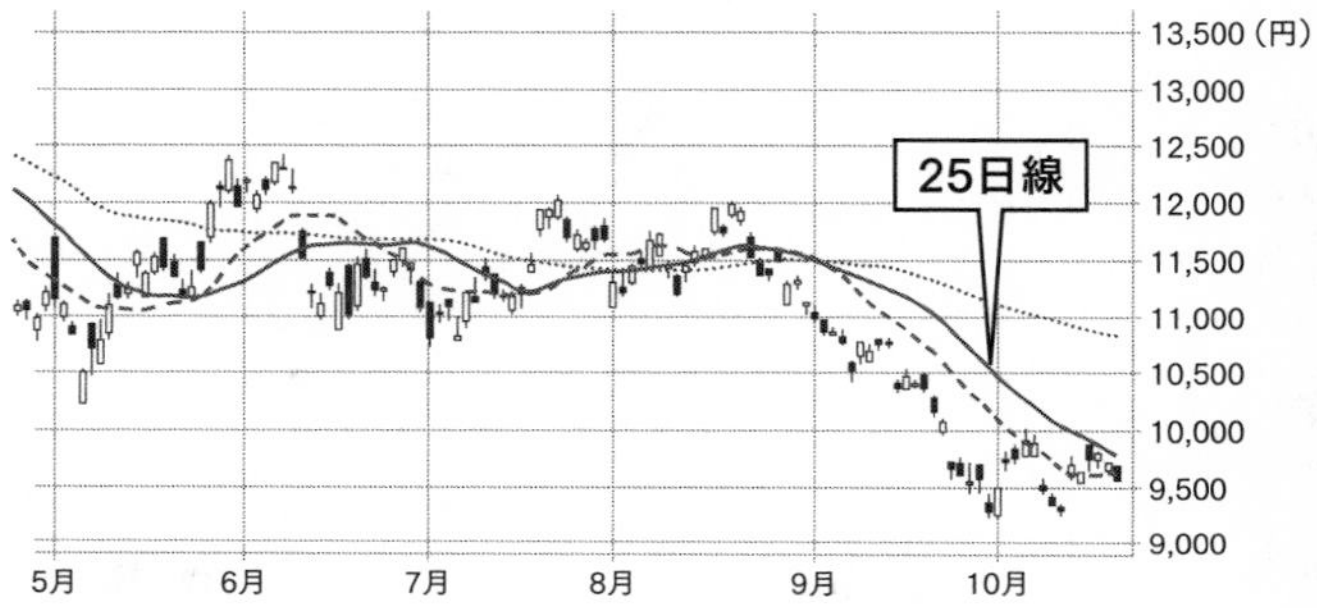

数のデータを折れ線グラフで表わすと、下のようになりました。

ある程度の周期性が見えますが、これはおそらく曜日によるものでしょう。よく見ると、確かに7日周期で繰り返されていることがわかります。

またこの90日全体のトレンドとしては、全体的にやや下がっているようにも見えます。果たしてその直感は正しいのでしょうか？

そこで「移動平均線」の登場です。

■エクセルで移動平均線を作る

では、エクセルを用いたその作り方を紹介していきましょう。

来店客数の推移

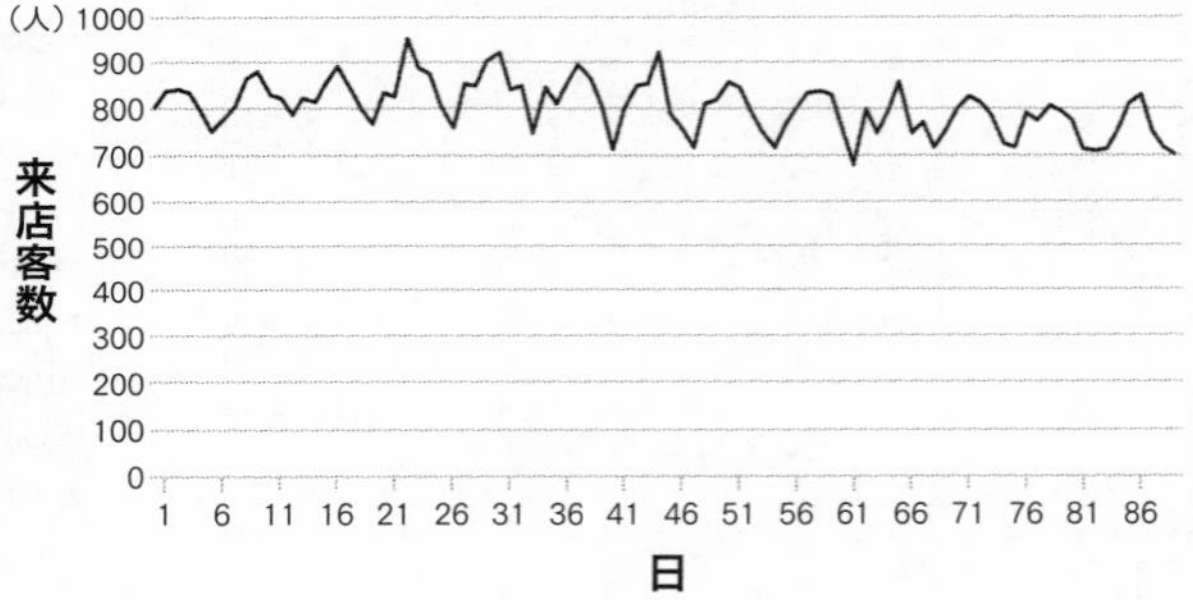

超便利！

エクセルを使った「移動平均線」の作成

1 まず90個の来店客数のデータを入力します（列B）。

2 7日移動平均を計算する列を作ります（列C）。

3 移動平均の計算をするためには過去7日分のデータが必要なので、移動平均は7日目から発生します。7日目の「7日移動平均」のセル（C8）に、1日目から7日目までの平均値を表示させるようにします。

そのためにはAVERAGE関数を使います。C8のセルに「=AVERAGE(」と入力し、平均を計算したい範囲であるB2からB8（1日目から7日目までの来店客数）を選択します。エンターキーを押すと、803.7と表示されるはずです。これが、1日目から7日目までの来店客数の平均値ということになります。

なお、ここでは小数第1位まで表示していますが、整数値でも問題ありません。

C8　=AVERAGE(B2:B8)

	A	B	C	D
1	日	来店客数	7日移動平均	
2	1	801		
3	2	836		
4	3	840		
5	4	831		
6	5	791		
7	6	750		
8	7	777	803.7	
9	8	805	804.3	
10	9	860	807.7	
11	10	876	812.9	
12	11	828	812.5	
13	12	821	816.7	
14	13	784	821.6	
15	14	820	827.8	
16	15	813	828.9	
17	16	853	827.9	
18	17	887	829.4	
19	18	845	831.8	
20	19	795	828.1	

4 8日目以降の移動平均はオートフィルを使いましょう。C8のセルを90日目（C91）までコピーすればOKです。

以上で、7日移動平均の表が完成しました。
では、続いてグラフ（7日移動平均線）を作成しましょう。

❺ 90個の来店客数のデータ（B列）と、7日移動平均のデータ（C列）をすべて選択します。

❻「挿入」から「折れ線」のグラフをクリックします。

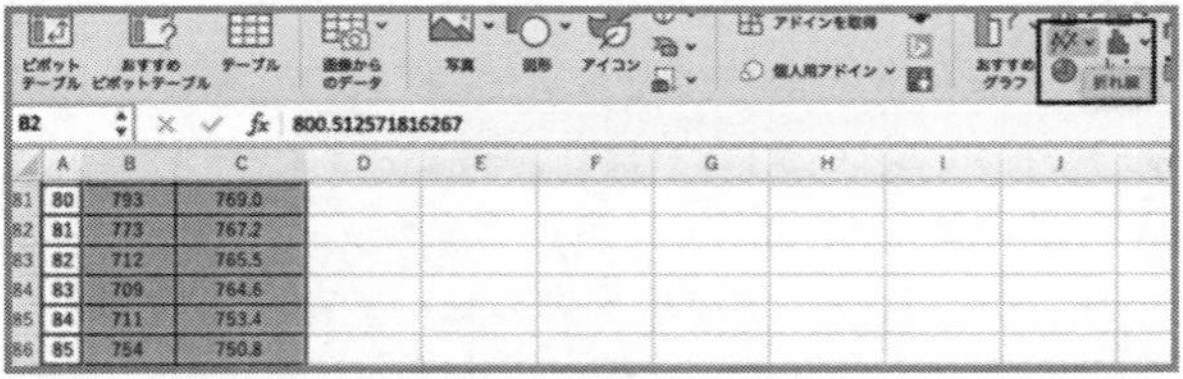

❼ 次にどの折れ線グラフにするかを選びます。左上のノーマルなものを選びましょう。

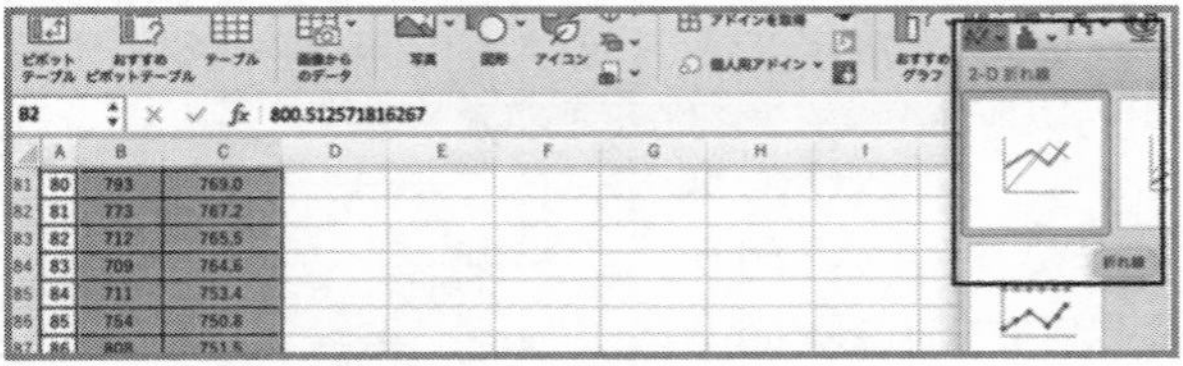

❽ すると下のように、もとの来店客数の折れ線グラフ（細い線のグラフ）と7日移動平均線（太い線のグラフ）が同時に表示されます。あとは見やすいようにレイアウトを整えれば完成です。

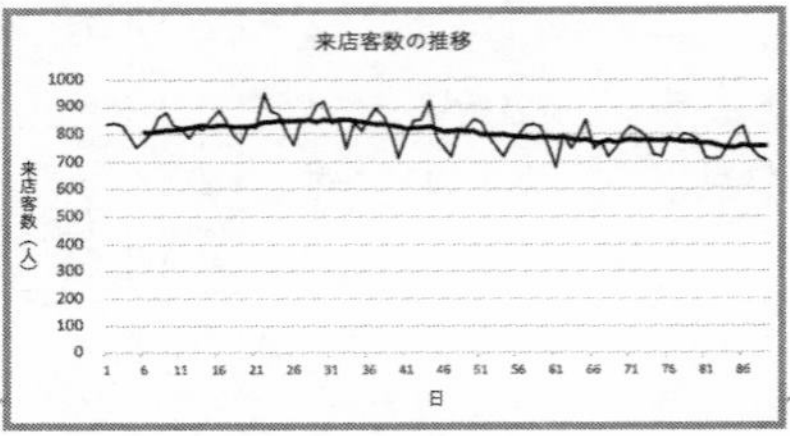

これで7日移動平均線を描くことができました。

細いほうの日々の来店客数のグラフと比較すると、その違いは一目瞭然です。上下の変動が大きく緩和されて、なだらかな線になっていることがわかります（7日の平均をとると、曜日などによる影響が緩和されることになります）。

また移動平均線からは、「最初のうちは緩やかに増加していたが、それ以降ゆっくりと全体的に下がり続けている」ことが明確に読み取れます。

このように曜日などによる日々の細かい変動の影響を小さくし、全体の動きをとらえられることが、移動平均線を描く最大のメリットです。

ここから、たとえば下がった原因を追求するとともに、この傾向を改善するために具体的にどんなアクションが必要かを検討することになるかもしれません。

これは日々のデータを追っているだけでは、なかなか発見しにくいことです。移動平均線を描いてこそ初めてわかることです。

移動平均と回帰分析の違い

最後に、先に紹介した回帰分析との違いもお話ししておきましょう。

回帰分析はあくまで「直線」として予測する手法ですので、全体的に上がっている、下がっていることが大前提です。そして将来的にその傾向が変わらないと仮定した場合の、将来の売上や販売数などを予測することができます。

一方で**移動平均による分析は、直線に限定されず、途中で上がり下がりがあっても構いません**。つまり自由にトレンドを読むことができます。

ただ、それぞれの数値は直近のデータしか考慮されていないため、遠い先を見ることにはあまり適していません。近い将来の動きを予測する、という使い方がよいでしょう。

また、傾向から大幅に外れたデータ（外れ値）があった場合、回帰分析でも移動平均による分析でも、どちらの手法でも影響を受けます（特に、短期間で移動平均をとった場合には大きな影響を受けます）。

このことに注意し、場合によってはそのデータを除いて分析することも必要でしょう。

「期待値」を売上予測に活かす

ここまでいろいろなアプローチによって、数学的に販売予測などをする方法を紹介してきました。ここでは少し角度を変えて、「**期待値**」を使った方法を紹介しましょう。

いくつかの数値結果が想定され、またそれぞれの結果が発生する確率を予測できる状況では、期待値を活用することができます。

期待値とは言葉のとおり、「どれだけを期待できるか」を表わした数値のことで、「それぞれの場合について、その数値と確率を掛けたものをすべて足す」ことで計算できます。

■商品の期待値を計算する

具体例で見ていきましょう。

アパレルメーカーF社では、今冬向けの新商品として従来より保温性の高いセーターの販売を予定しています。

過去の自社データをもとに、今冬の気候が「寒冬」だった場合、「平年並」だった場合、「暖冬」だった場合のそれぞれで、売上予測を行ないました。その結果、「寒冬」だと3・5億円、「平年並」だと3億円、「暖冬」だと2億円という予測値を算出しました。

また気象庁から今冬の気候がどうなるかの予測が公表されており、「寒冬」になる確率が30％、「平年並」になる確率が45％、「暖冬」になる確率が25％とされています。

ここまでをまとめると、表18のようになります。

このとき、予測された今冬の気候を考慮した上での、この商品の売上はいくらと「期待」できるでしょうか？

すでに紹介したとおり、期待値は各状況が起こる確率とそれぞれの数値を掛けて、すべて足すことで計算できます。

つまり、この場合の期待値は次のように計算できます。

3・5×30％＋3×45％＋2×25％
＝1・05＋1・35＋0・5＝2・9（億円）

表18 F社新作セーターの気候別売上予測

	売上予測	確率
寒冬	3.5億円	30%
平年並	3億円	45%
暖冬	2億円	25%

これにより、今回のケースでは、「2・9億円の売上が期待できる」という結論を出すことができます。

■複数の期待値を比較する

今は1つの商品について期待値を計算しましたが、複数の商品同士でその期待値を比較した上で、最も期待値が大きいものを選択する、という使い方もできます。

たとえば先ほどのアパレルメーカーのF社で、今冬に販売を検討している商品が、他に2種類（合計3種類）あったとします。

その商品を商品A（これは先ほどの商品）、商品B、商品Cとして、寒冬、平年並、暖冬だった場合のそれぞれの売上予測が次のページの表19だったとします。

この表をよく見ると、商品Bは気候の影響をあまり受けず、どの状況でも安定した売上が見込め、逆に商品Cは気候によって売上の変動が大きいことが読み取れます。

では、商品Bと商品Cの売上の期待値を計算してみましょう。

【商品B】
3・2×30%＋2・8×45%＋2・6×25%
＝0・96＋1・26＋0・65＝2・87（億円）

【商品C】
4・5×30%＋2・8×45%＋1・6×25%
＝1・35＋1・26＋0・4＝3・01（億円）

となります。

商品Aの期待値は先ほど計算したとおり2・9億円でしたので、期待値で比較すると商品Cが最も売上が期待できるといえます。

これが、期待値を使った分析の方法です。

ただ商品Cは、期待値は一番大きいとはいえ、気候によって

表19 F社の商品別売上予測

	確率	売上予測		
		商品A	商品B	商品C
寒冬	30%	3.5億円	3.2億円	4.5億円
平年並	45%	3億円	2.8億円	2.8億円
暖冬	25%	2億円	2.6億円	1.6億円

売上の変動が大きいため、「大当たり」も期待できる反面、「大損」になるリスクもはらんでいます。ですので、期待値が高いからといって、すぐに商品Cがベストだと判断するのは、やや早計です。

状況次第では、「商品Bは期待値は一番低いけれども、変動の幅が小さいので確実な売上を見込める。よって商品Bを発売する」という判断が必要な時もあるでしょう。

■エクセルで期待値を計算する

これまでエクセルを使った分析の方法を多く紹介してきました。エクセルは関数だけでなく、単純な四則演算の計算でも大きな威力を発揮します。

エクセルを使う1つのメリットに、いったんエクセルで計算の表を組んでしまえば、あとはエクセルが勝手に計算をしてくれることがあります。

また、確率や予想値の変更があった場合も、セルの値を変更するだけで自動的にすべてを計算し直してくれるのも利点でしょう。

では、今回のケースでエクセルを使う方法を紹介しましょう。

超便利！

エクセルを使った「期待値」の計算

❶ まず、商品Aの期待値を計算しましょう。期待値を表示したいセル（図ではC6）に、「寒冬の売上（C2）」*「寒冬の確率（B2）」+「平年並の売上（C3）」*「平年並の確率（B3）」+「暖冬の売上（C4）」*「暖冬の確率（B4）」と指定します。「=C2*$B$2+C3*$B$3+C4*$B$4」となります。

なお、B列（それぞれの気候の確率）のセルはその後オートフィルでコピーする際も固定しておきたいので、絶対参照にしておくことがポイントです（絶対参照は47ページで詳しく説明しています）。

C6 | =C2*$B$2+C3*$B$3+C4*$B$4

	A	B	C	D	E	F	G
1		確率	商品A	商品B	商品C		
2	寒冬	30%	3.5	3.2	4.5		
3	平年並	45%	3	2.8	2.8		
4	暖冬	25%	2	2.6	1.6		
5							
6	期待値		2.9				

❷ 商品Aの期待値（C6）が2.9と表示されればOKです。あとはC6のセルをオートフィルで右にコピーしましょう。すると図のように、商品Bと商品Cの期待値（D6とE6）が自動的に計算されます。

C6 | =C2*$B$2+C3*$B$3+C4*$B$4

	A	B	C	D	E	F	G
1		確率	商品A	商品B	商品C		
2	寒冬	30%	3.5	3.2	4.5		
3	平年並	45%	3	2.8	2.8		
4	暖冬	25%	2	2.6	1.6		
5							
6	期待値		2.9	2.87	3.01		

期待値の活用例として、今回のような新商品開発の需要予測以外にも、新規店舗の出店場所の判断や、新しく工場を建設した場合の売上のシミュレーションなど、使えるシーンは多くあります。

ぜひあなたのビジネスでも、期待値の考え方を使ってシミュレーションできるものを探してみてはいかがでしょうか。

宝くじに「期待値」を使うとどうなるか？

前の項では、「期待値」という考え方を使って、将来、理論上いくらの売上額を得られるかについての計算方法を紹介しました。

ここで、ビジネスの話はちょっと休憩です。

将来を予測し、結果によって得られる成果が変わってくるような状況の最たるものといえば、そう、ギャンブルですね。歴史上の数学者にもギャンブル好きな人はいたようで、そのことで確率論が飛躍的に発展したなんてこともいわれています。

というわけで、ここでは期待値の考え方を使って、ギャンブルを分析していきましょう。

誰もが知っているギャンブルの1つに「宝くじ」があります。今回は宝くじを例に考えてみましょう。

この原稿を書いているのが11月なのですが、ちょうど「年末ジャンボ宝くじ」が発売中です。これを例にすることにしましょう。

公式サイトを見ると、２０２２年の「年末ジャンボ宝くじ」の当せん金と本数は、下の表20のようになっていました。発売予定枚数は４億６０００万枚とあったので、これを採用しましょう。

さて、この宝くじの期待値はいくらになるのでしょう？

なお、この宝くじの購入金額は１枚３００円でした。当然期待値はこれより小さくなるはずですね。でないと宝くじの運営自体が成り立ちませんから。

表20「年末ジャンボ宝くじ」の当せん金と本数

	当せん金	本数
1等	7億円	23本
1等前後賞	1億5000万円	46本
1等組違い賞	10万円	4577本
2等	1000万円	92本
3等	100万円	920本
4等	5万円	4万6000本
5等	1万円	138万本
6等	3000円	460万本
7等	300円	4600万本

さて、この宝くじの期待値はいくらに設定されているのでしょう？

まず、１等が出る確率です。全部で４億６０００万枚のくじがあり、その中で１等くじが23本入っているわけですので、１等が当たる確率は、「23枚／４億６０００万枚＝１／

２０００万（２０００万分の１）」という計算になります。

２０２２年現在で日本全国に住む40〜50歳の人口が約２０００万人だそうです。ですので、日本中の40〜50歳の人が全員１枚ずつ宝くじを買って、その中の１人が当たる計算になります（笑）。

それ以外の賞についても同様に当せん確率を計算した結果が、表21のようになります。

■エクセルで宝くじの期待値を計算する

では、いよいよ期待値の計算に入りましょう。期待値とは、それぞれの等について「当せん金×当せん確率」を計算し、それらをすべて足せばよかったのですね。

では、エクセルに登場してもらいましょう。

表21 「年末ジャンボ宝くじ」当せん確率

	当せん金	当せん確率
1等	7億円	1/2000万
1等前後賞	1億5000万円	1/1000万
1等組違い賞	10万円	199/2000万
2等	1000万円	1/500万
3等	100万円	1/50万
4等	5万円	1/1万
5等	1万円	3/1000
6等	3000円	1/100
7等	300円	1/10

超便利！

エクセルを使った「期待値」の計算

❶ B1に宝くじ1枚の購入金額（300）、B2にくじの枚数（4億6000万）、B5からB13の列に各賞の当せん金、C5からC13に各賞の当せん本数を入力しています。

❷ D列には当せん確率を入れています。計算方法は、先ほど示したとおりです。

たとえば1等の当せん確率（D5）は、「1等の本数（C5）／くじの総数（$B$2）」の計算式を入れています。結果は2000万分の1（小数にすると0.00000005）になります。

これをオートフィルでコピーして、7等までの当せん確率をD列に計算しています。

❸ 次はE列の「当せん金×確率」のセルを埋めましょう。たとえば1等の場合は、図にあるようにE5のセルに「=B5（当せん金）* D5（当せん確率）」と入力すればOKです。

❹ これも7等（E13）までオートフィルでコピーしましょう。

E5　=B5*D5

	A	B	C	D	E
1	1枚の値段	300			
2	くじの総数	460,000,000			
3					
4		当せん金	本数	当せん確率	当せん金×確率
5	1等	700,000,000	23	0.00000005	=B5*D5
6	1等前後賞	150,000,000	46	0.0000001	15
7	1等組違い賞	100,000	4,577	0.00000995	0.995
8	2等	10,000,000	92	0.0000002	2
9	3等	1,000,000	920	0.000002	2
10	4等	50,000	46,000	0.0001	5
11	5等	10,000	1,380,000	0.003	30
12	6等	3,000	4,600,000	0.01	30
13	7等	300	46,000,000	0.1	30

❺ あとは、E5からE13までの数値をすべて足せば期待値が計算できます。これには足し算を行なうSUM《サム》関数を使いましょう。E14に「=SUM(」として範囲（E5からE13）を指定してもよいですし、オートSUMを使えば自動的に計算してくれるので、そちらを使ってもよいでしょう。

E14 fx =SUM(E5:E13)

	A	B	C	D	E
1	1枚の値段	300			
2	くじの総数	460,000,000			
3					
4		当せん金	本数	当せん確率	当せん金×確率
5	1等	700,000,000	23	0.00000005	35
6	1等前後賞	150,000,000	46	0.0000001	15
7	1等組違い賞	100,000	4,577	0.00000995	0.995
8	2等	10,000,000	92	0.0000002	2
9	3等	1,000,000	920	0.000002	2
10	4等	50,000	46,000	0.0001	5
11	5等	10,000	1,380,000	0.003	30
12	6等	3,000	4,600,000	0.01	30
13	7等	300	46,000,000	0.1	30
14				期待値	149.995

「買った金額の
約半分の賞金が当たる」のは
高いか？ 低いか？

すると結果は約149・995円と出ました。これが2022年の年末ジャンボ宝くじの期待値というわけです。つまり、「1枚買えばだいたい150円、つまり半分ぐらいの賞金が当たる」と期待できる、ということです。

このように期待値は、その意味とエクセルの使い方を知っておけば、意外とカンタンに自分で計算することができます。

なお、「ジャンボ宝くじ」の期待値はどれもくじの値段の49〜50%に設定されているようです。またスクラッチ式のくじや「ロト6」のような数字を選ぶくじの期待値は約45%になっています。ですので、どちらを買おうか迷っている人は、ジャンボ宝くじのほうが期待値が大きい、ということは知っておいていいかもしれません。

世の中は確率で溢れています。気になる確率があれば、その期待値を計算してみると面白いかもしれません。そしてその感覚は、きっと自身の仕事にも活きてくるはずです。

人事評価に「重みづけ」の考え方を適用する

M課長は5人の部下の中から1人を昇格させようと考えています。どの部下もそれぞれ個性があり、また優秀なので、どのような基準で評価すればよいかと悩んでいます。M課長も人間ですから私情はありますが、なるべく客観的な視点から多面的に評価をしたいと考えています。こんな時、どのような方法が適切でしょうか？

すでに紹介した「期待値」に似た考え方として「**重みづけ**」があります。これは、**ある事柄を評価したい時に、その評価の基準軸を複数設定し、それぞれに重み（ウェイト）をつけて最終的な評価点数を出す**、というやり方です。

表22 M課長による部下の数値評価

	A氏	B氏	C氏	D氏	E氏
①営業成績	8	7	6	9	7
②目標達成度	8	7	6	7	9
③勤務態度	5	6	9	7	6
④能力・スキル	9	6	7	7	8
⑤チーム貢献度	6	8	9	7	8

たとえばM課長は部下を評価する基準軸として次の5つを設定しました。①営業成績、②目標達成度、③勤務態度、④能力・スキル、⑤チームへの貢献度この5つの項目について、部下5人（A氏～E氏）をそれぞれ10点満点で数値評価しました。その結果が前ページの表22です。

次に、ここに挙げた5つの項目①～⑤にそれぞれ重みづけをしていきます。どのように重みづけの配分をするかは評価者次第ではあるのですが、ここでは重要度の高いものから5→4→3→2→1と点数をつけていくことにしましょう。

その結果、M課長は①～⑤の評価項目に、それぞれ下の表のように重みづけをしました。ここから、①営業成績そのものよりも②目標を達成したかどうかを重視すること、⑤チームへの貢献度よりも④個人の能力やスキルを重視していることなどがうかがえます。

部下5人に対する各項目の評価値と、各項目の重みづけから、5人それぞれの評価点が次のように計算されます。

①営業成績	4
②目標達成度	5
③勤務態度	2
④能力・スキル	3
⑤チーム貢献度	1

（①営業成績の点数）×（①営業成績の重みづけ）
＋（②目標達成度の点数）×（②目標達成度の重みづけ）
＋（③勤務態度の点数）×（③勤務態度の重みづけ）
＋（④能力・スキルの点数）×（④能力・スキルの重みづけ）
＋（⑤チームへの貢献度の点数）×（⑤チームへの貢献度の重みづけ）

これをそれぞれの部下について計算し、評価点を出します。たとえばA氏であれば、

8×4＋8×5＋5×2＋9×3＋6×1＝32＋40＋10＋27＋6＝115

と計算します。同様にB氏からE氏までの評価点を計算した結果が下の表です。

評価点

A氏	B氏	C氏	D氏	E氏
115	101	102	113	117

エクセルで重みづけの計算を行なう

エクセルでの計算方法も紹介しておきましょう。

超便利！

エクセルを使った「重みづけ」の計算

1 A氏の評価点を表示したいセル（図ではC7）に、①の項目から順に「評価のセル（C列）」×「重みづけのセル（B列）」をそれぞれ足していく計算式を作ります。

ここでも、あとからオートフィルでコピーすることを見越して、重みづけのセル（B列）は絶対参照にしておきましょう。

C7　=C2*$B$2+C3*$B$3+C4*$B$4+C5*$B$5+C6*$B$6

	A	B	C	D	E	F	G	H	I
1		重みづけ	A氏	B氏	C氏	D氏	E氏		
2	①営業成績	4	8	7	6	9	7		
3	②目標達成度	5	8	7	6	7	9		
4	③勤務態度	2	5	6	9	7	6		
5	④能力・スキル	3	9	6	7	7	8		
6	⑤貢献度	1	6	8	9	7	8		
7	評価点		115						

2 するとA氏の評価点が115と表示されます。B氏からE氏については、C7のセルを横にオートフィルでコピーすることで自動的に計算されます。

C7　=C2*$B$2+C3*$B$3+C4*$B$4+C5*$B$5+C6*$B$6

	A	B	C	D	E	F	G	H	I
1		重みづけ	A氏	B氏	C氏	D氏	E氏		
2	①営業成績	4	8	7	6	9	7		
3	②目標達成度	5	8	7	6	7	9		
4	③勤務態度	2	5	6	9	7	6		
5	④能力・スキル	3	9	6	7	7	8		
6	⑤貢献度	1	6	8	9	7	8		
7	評価点		115	101	102	113	117		

各項目に重みづけをして評価した結果、今回はE氏が最も評価点が高くなることがわかりました。

このようにいくつかの候補の中から最終的に1つに絞りたい場合、まずどんな基準で選ぶかの項目を複数個設定し、それぞれの項目をどれくらい重視するのかの重みづけを決めれば、それぞれの候補を点数化することができます。そして、そこから最も数値が大きいものを選ぶというわけです。

たとえば、どの企業と取引するかの選定や、新規出店をどの地域にするかの決定など、様々なケースでこの重みづけの方法が応用できます。

「損益分岐点分析」を使って目標販売数を計算する

厚生労働省は2018年に「副業・兼業の促進に関するガイドライン」を公表し、それ以降、国を挙げて副業・兼業を推進しようとしています。今後ますますダブルワークが一般的になっていくことは間違いないでしょう。

Iさんが勤めている会社でも流れに乗って、新たに副業が認められることになりました。ずっとアクセサリー作りが趣味だったIさんは、これを機に自分で作ったアクセサリーをネットで販売できないかと考えるようになりました。

せっかく始めるなら、なんとかアクセサリー販売で利益を出して自分のお小遣いにしたいと、その方法を書籍やインターネットなどで調べ始めました。

もともと勉強熱心なIさん、調べていくうちに次のことがわかりました。

【かかる費用】

・サイト運営費や通信費など1か月でまとめて発生する費用…4000円
・材料費（1個あたり）…350円
・販売サイトに支払う売上手数料…売上額の10%
・配送料（1個あたり）…230円

そのほかに重要なのは、アクセサリーの販売価格の決定です。同じくハンドメイドのアクセサリーを個人で販売しているサイトなどを参考にして、Iさんは商品の価格を1600円に設定することにしました。

そこで気になるのが、「何個売れば利益が出るか」ということです。このような、利益が出るための販売量（あるいは売上）のことを「損益分岐点」といいます。

販売量が0個の時は、費用だけが発生するため、赤字（利益がマイナス）です。実際、商品が売れ始め販売数が伸びてくると、その赤字額は徐々に小さくなります。そしてあるところで赤字が解消され、黒字（利益がプラス）に転じることになります。ここが損益分岐点です。

つまり、**損益分岐点とは「売上と費用が等しくなる時の販売数」**と考えることができます。

■損益分岐点を計算する

では、Iさんの場合、損益分岐点は何個になるのか、実際に計算してみましょう。

まず売上は、1個1600円のアクセサリーをx個販売するので、

$$1600 \times x = 1600x$$

となります。

次に費用です。

サイト運営費や通信費など、1か月でまとめてかかる費用が4000円でした。これは販売数によらず毎月必ず一定額発生する費用です。このような費用を「固定費」といいます。

一方、販売数によって変化する費用を「変動費」といいます。今回のケースで変動費に

相当するものは、材料費、売上手数料、配送料の3種類です。
これらは1個あたり、

- 材料費…350円
- 売上手数料…1600円×10%＝160円
- 配送料…230円

ですので、これらを合計した740円が1個あたりの変動費になります。いまx個販売することを想定していますので、変動費は「740x円」ということになります。

固定費と変動費の合計が費用の総額です。つまり、

$$4000+740x$$

が費用となります。

損益分岐点とは、売上と費用がちょうど等しくなる状態なので、式で表わすと「売上＝費用」ということになります。売上が１６００x、費用が４０００＋７４０xでしたので、

$$1600x = 4000 + 740x$$

という式を作ることができます。ここからxがついた部分を片方にまとめると、

$$1600x - 740x = 4000$$

となります（「＝」のもう片方側に移すと、「＋」は「－」に変わります）。

xがついている部分を計算してまとめることで、

$$860x = 4000$$

となります（1600−740＝860）。この「＝」の両側を860で割ることで、xを計算することができます。すると、

$$x = 4.65\cdots\cdots$$

となります。ここから、価格を1600円にした場合、最低5個販売すればその月は黒字になることがわかりました。

■「限界利益」を使って計算する

損益分岐点を計算するために、今はxを使った方程式を作りました。

損益分岐点は経営をする上で重要な指標です。そこで、実は方程式を組まなくても、一発で計算できてしまう方法があります。

以下、少しややこしいですが、経営の教科書などには必ず載っているような内容です。

売上から変動費を除いたものを「限界利益」といいます。イメージとしては、「販売した

ことで発生した分の利益」という感じです。

これを「1個あたり」で考えてみましょう。まず「1個あたりの変動費」は、先ほど見た740円ですね。

次に「1個あたりの売上」ですが、これは価格そのものです。

1600－740＝860円

これが「1個あたりの限界利益」です。言い換えれば、「1個売ったことで発生した利益」といえます。

この「1個分の利益」で固定費分をペイできれば利益はプラスになります。つまり、固定費が「1個分の限界利益」の何個分になるか、と発想するわけです。

すると計算式が見えてきます。つまり、

損益分岐点の販売数＝「固定費」÷「1個分の限界利益」

これを計算することで、損益分岐点は一発で計算できます。固定費は４０００円、１個分の限界利益は８６０円でしたので、

4000÷860＝4・65……

となり、先ほどと同じ結果が得られます。

■利益目標から必要販売数を導き出す

さあ、販売が楽しくなってきたIさんは、次に「副業だけで月３万円の利益を出す」という目標を掲げるようになりました。そのためには何個販売すればよいでしょう？

実はここまでのことをほんの少し応用するだけで、すぐにこの計算をすることができます。

損益分岐点となる販売数の計算では、「固定費をペイするために限界利益が何個分必要か」というふうに考えましたね。それとまったく同様に、「固定費にプラスして目標にし

たい利益を加えた額が、限界利益何個分で実現できるか」と考えるわけです。
計算式にまとめると、次のようになります。

利益目標の販売数＝（「固定費」＋「目標利益」）÷「1個分の限界利益」

これがわかれば、あとは数値を入れるだけです。

利益目標の販売数＝（4000＋3万）÷860
＝3万4000÷860＝39・5……

つまり、月40個販売すれば、利益が3万円になるというわけです。
結構大変そうですね……がんばれＩさん！

コラム

A判サイズとB判サイズの秘密

時代はどんどんペーパーレスに向かっていますが、まだまだ紙の文書や資料は重宝されています。ビジネスで使われる紙のサイズにはいくつかありますが、一番多く使われているのはやはりA４用紙でしょう。

ところで、私たちが普段使っている用紙のサイズはどのように決まっているのでしょうか？

A判の規格の紙で最も大きなものはA０サイズになります。この面積がちょうど１平方メートルと定められています。

またA０判の縦と横の長さの比は１：$\sqrt{2}$になっています。$\sqrt{2}$＝１・４１４２１３５６……（覚え方は「ひと夜ひと夜に人見頃」）なので、A０判の縦と横の長さの比はだいたい1：1・4ということになります。わかりやすいように整数の比にすると、だいたい5：7になります。

「黄金《おうごん》比《ひ》」という言葉を聞いたことがあるでしょうか。これは人が最も美しく感じるとされる比で、具体的には1：$(1+\sqrt{5})/2$という比で表わされるものです。$\sqrt{5}$＝2・2360679……（「富士山麓オウム鳴く」）を使うと、この比はだいたい1：1・6（整数比にすると5：8）となります。パルテノン神殿やミロのヴィーナスに使われていたり、身近なところだとクレジットカードの縦と横の比などがこれに近い値になっています。

その兄弟のようなものに「白銀《はくぎん》比《ひ》」というものがあります。法隆寺の五重塔や伊勢神宮にもこの「白銀比」が使われているといわれており、西洋の「黄金比」よりも日本人はこちらの「白銀比」のほうに美しさを感じる、ともいわれています。

この白銀比こそが、1：$\sqrt{2}$（＝5：7）のA0判の比です。

実は、A0判の紙にこの白銀比が使われているのには秘密があります。

この紙をちょうど半分に折るとまた長方形ができますが、その折った後の長方形の縦と横の比も、なんと1：$\sqrt{2}$になります。これが白銀比の大きな特徴です。

そして、A０判を半分にしても縦と横の比が変わらないのですが、実はこの大きさがA１サイズなのです。面積はA０の半分なので、０・５平方メートル（５０００平方センチメートル）になります。

そして、A１の半分がA２、A２の半分がA３です。A３判はたまに使うことがありますね。そしてさらにA３を半分にすれば、皆さんお馴染みのA４になるわけです。

A４判の面積は、１平方メートル（１万平方センチメートル）を４回半分にした面積になるので、１万に１／２を４回掛けることになります。実際に計算すると、６２５平方センチメートルになります。

A４判の縦と横の長さの比もやはり1：$\sqrt{2}$になっています。ですので、たとえば縦の長さをxにすると、横の長さは$\sqrt{2}x$となり、長方形の面積は$\sqrt{2}x^2$と表わせます。

この面積が６２５なので、

$$\sqrt{2}x^2 = 625$$

という式が作れます。ここから（小数第3位までとして）、

$$x^2 = 625 \div \sqrt{2} = 625 \div 1.414 \fallingdotseq 442$$

となるため、

$$x \fallingdotseq \sqrt{442} = 21.0\cdots\cdots$$

と計算できます。つまり、A4サイズの短いほうの長さは21センチメートルとわかります。すると長いほうは、「$21 \times \sqrt{2}$ ＝約29・7センチメートル」となります。

印刷する時などに、「210×297」というサイズ表記を見たことはありませんか？

これがちょうどA4のサイズにあたるわけです（なお、このときの210と297の単位

はそれぞれミリメートルです）。Ａ４サイズの紙はどこにでもあります。ということは、このＡ４サイズの縦と横の長さを覚えておけば、21センチや30センチぐらいのものの長さならいつでも測れることになります。知っておくと結構便利かもしれません。

Ａ４の次に使う頻度が多いサイズといえば、Ｂ５サイズでしょう。

Ｂ判もやはりＢ０からスタートです。そして、Ｂ０サイズは面積がちょうどＡ０サイズの１・５倍になっています。つまりＢ０判の面積は１・５平方メートルというわけです。

なおＢ判も、縦と横の長さの比はＡ判と同じで、白銀比１：√２です。

Ｂ５はＢ０を５回半分にすることになります。するとその面積は、１・５平方メートル（１５０００平方センチメートル）に１／２を５回掛ければ計算できます。実際に計算すると、４６９平方センチメートルとなります。ここから、先ほどと同じように計算することで、Ｂ５の縦と横の長さは、18・２センチメートルと25・７センチメートルと計算できます。ミリメートルで表記すると、１８２×２５７ということです。

こんなビジネスのひとコマにも数学が使われていたんですね。

第5章

日常に「統計学」を取り入れる

「幾何分布」を使って初めて成功するまでの確率を知る

ＡＩやビッグデータ活用がより一般的になる中、統計学を学ぶことの重要性は年々高まってきています。その波は学校教育にも押し寄せてきており、２０２２年４月に高校生になった世代からは、学校での統計学の授業が実質必須化されています。今後一般のビジネスでも統計学の知識が必要になってくる場面は、間違いなく増えていくでしょう。

■統計学を使うポイント

そもそも統計学とは、ある程度まとまった数からなる集合の傾向や特徴を分析したり、抽出した一部のデータから元の全体のデータを推測したりするための学問のことをいいます。

「統計学」と聞くとすごく難しいように聞こえるかもしれません。確かに、その背景には指数や積分などの複雑な数学が潜んでいます。

ただ、それらを知らなくても、統計学を仕事に活用することは十分に可能です。統計学を仕事で使う際のポイントは次の3つです。

1 どのようなケースで統計学が活用できるのかを知っておくこと
2 いくつかある統計学のツールのうちどれを使うのかの判断ができること
3 統計学のツールの実際の使い方を知っておくこと

ここからは、実際のビジネスシーンを題材にして、どのような場面でどのような統計学のツールが使えるのか、またその具体的な使い方を紹介していきたいと思います。

営業職の方は、飛び込み営業をした経験はあるでしょうか？

私自身、会社員時代にしばらく飛び込み営業をしていた時期がありました。成功の確率は低いと頭ではわかっているものの、人間ですから立て続けに断られるのは、あまり気持ちがいいものではありません。そんな飛び込み営業にまつわる悲しいお話です。

営業職であるTさんは、毎日新規のアポが1件取れるまでずっと飛び込み営業をすることを日課にしています。経験上、Tさんが1回の訪問でアポを取れる確率は10％です。さて、このTさんが10件回るまでに、アポを取って無事会社に戻れる確率は何％でしょう？

感覚的には、「100％」と答えたいですよね。10回に1回はアポが取れるのですから、10件回れば必ずどこかで1件はアポが取れそうな気がします。

さて、本当にそうでしょうか？

■成功確率を計算する

計算で検証してみましょう。

まず、運よく1回で成功する確率は、当然10％＝0・1です。

次に2回目に成功する確率です。これは、1回目に失敗していて、次の2回目に成功することを考えることになります。1回目に失敗する確率は、1から成功の確率0・1を引けばよいので、「1－0・1＝0・9」になります。ですので、2回目に初めて成功する確率は、「1回目失敗→2回目成功」の確率を考えればいいわけです。

これは、それぞれの確率を掛けることで計算でき、

0・9×0・1＝0・09

になります。つまり9％です。

同じように、3回目に初めて成功する確率は、「失敗→失敗→成功」なので、

0・9×0・9×0・1＝0・081

になります（8・1％）。

同じように、4回目以降10回目まで、それぞれで初めてアポが取れる確率を計算すると、表23の上段のようになります。

表23 Tさんが初めてアポを取れる回数の確率

回目	1	2	3	4	5	6	7	8	9	10
その回数で成功する確率（％）	10	9.0	8.1	7.3	6.6	5.9	5.3	4.8	4.3	3.9
その回数までに成功する確率（％）	10	19.0	27.1	34.4	41.0	46.9	52.2	57.0	61.3	65.1

そしてこれらの確率をすべて足したものが、「10回目までにアポが取れる確率」ということになります。実際に計算すると、表23の下段のように約65・2％になります。逆にいうと、残りの約35％は1件もアポが取れないことになります。

この結果、どうでしょう？

10回に1回は成功する人が10回続けて営業しても、1件もアポが取れない確率が35％もあるんです。この結果はちょっとショッキングではありませんか！

ちなみに、同じようにして20回以内にアポが取れる確率を計算すると、約88％になります。なんと10回中1回成功する人でも、20回飛び込み営業をやって1件もアポが取れない確率が12％もあるんですね。なんとも切ない話です。

ところで、当人がこの事実を知っているのと知らないのでは、メンタルの差は歴然です。

これを知らない人なら、「自分は10件に1件アポが取れるはずなのに、10件回ってもまだ1件もアポが取れない。今日は何が悪いのかな？　今日はいつになったら終われるんだろう」と余計な心配をしてしまうかもしれません。

ところが、この事実を知っていれば、「今日は10件回ってまだ1件もアポが取れていないけど、これはそれほど特別なことではない。だから、この後もいつもどおり頑張ろう」とモチベーションを崩さずにいつもの調子で営業を続けることができるでしょう。

私も飛び込み営業をやっていた頃は、メンタルの重要性をひしひしと感じていました。数学を知っていると、精神衛生上もよいですね。

■エクセルで出してみる

「自分でこんな計算なんかできないよ」と思った人、安心してください。この計算も、エクセルを使えば簡単にできます。

次のページでは、たとえば6回目に初めてアポが取れる確率（図中のF5のセル）を例にとって式の作り方を説明しましょう。

超便利！

エクセルを使った「成功確率」の計算

❶ 成功確率0.1の値が入っているセル（B2）は固定しておきたいので絶対参照を使いましょう。図の式中に見えている「$B$2」では行も列も固定されています。

❷ 式の最初の部分「1-$B$2」は、1から成功確率（0.1）を引いており、失敗する確率（0.9）を表わしています。

次の「^」は累乗（何回掛けるか）を表わす記号で「ハット」と読みます。キーボードの右上に「へ」のキーがありますね。それと同じキーに「^」があります。

次の「F4-1」はそれまでに失敗した回数を表わしています。たとえば6回目に初めて成功する確率（F5のセル）の計算では、過去「6-1=5」回失敗していることを表わしています。

つまり「(1-$B$2)^(F4-1)」の部分は、失敗した回数だけその確率（0.9）を掛けていることになります。

❸ 次の「$B$2」は、最後（6回目）の成功確率（0.1）を表わしており、これを掛けています。結果は5.9%となります。

あとはオートフィルでセルの計算式をコピーすればOKです。すると1回目から10回目までの確率が自動的に計算されます。これらをSUM関数で足してやると、10回目までに成功する確率（約65%）が得られます（J6のセル）。

F5　=((1-$B$2)^(F4-1))*$B$2

	A	B	C	D	E	F	G	H	I	J
1										
2	成功確率	0.1								
3										
4	1	2	3	4	5	6	7	8	9	10
5	10.0%	9.0%	8.1%	7.3%	6.6%	5.9%	5.3%	4.8%	4.3%	3.9%
6										65.13%

このようにいったんエクセルで式を組んでしまえば、成功確率を変えたい場合にB2の数値を変更するだけで、10回目までに成功できる確率をすぐに計算してくれます。

たとえば、試しに成功確率（B2のセル）を0・2（20％）としてみると、10回目までの成功確率が約89％と出力されます。また、たとえばこのとき5回目以下でアポを取れる確率を計算すると約67％となり、実に半分の回数で従来とほぼ同じ結果が得られる可能性があるわけです。

営業トークの内容を少し工夫すれば、成功確率を2倍に上げることが可能かもしれません。すると新規のアポ取りに費やす時間が半分に短縮され、余った時間をより将来に向けた戦略策定の時間に使えるかもしれませんし、早く家に帰れるかもしれません。

このように数学的に考えることは、自分の戦略の確固たる根拠になりますし、また仕事を進める上での納得性や説得力も段違いです。

■「幾何分布」で検証する

実はこのモデルには、「**幾何分布**」という名前がついています。

幾何分布とは統計学の一分野で、今回のように何回目で初めて成功するかの確率の分布のことをいいます。

そして、幾何分布はその期待値がわかっています（期待値については151ページで詳しく説明しています）。

幾何分布における期待値はシンプルで、「1÷（1回の成功確率）」で計算できます。今回の例では成功率は10％（0・1）でしたので、期待値は「1÷0・1」となります。これを計算すると10です。

つまりこれは、「日によって何回目でアポを取れるかはわからないが、毎日ずっと続けていれば、平均で10回目にアポが取れる」ということを表わしているわけです。

こちらなら、私たちの感覚に合いますね。良い日もあれば悪い日もある。でも、平均したら10回やれば1件アポが取れる、ということです。なぜなら、Tさんの成功確率は「10回に1回」なのですから。

「二項分布」を使って成功回数の分布を見る

新規開拓だけでなく既存のお客様のケアにも抜かりがないTさんは、すでに自社商品を購入してくれているお客様を、定期的に訪問することをルーティンにしています。1週間に訪問する件数は、毎週15件と決めています。

その訪問に合わせて新サービスの提案もしているのですが、1回の訪問で新しく契約が獲得できる確率は20％です。

Tさんは1週間で15回この新サービスの提案をすることになるわけですが、その1週間の目標の契約数を5件にしています。このとき、Tさんが1週間に5件以上の契約を獲得できる確率はいくらになるでしょうか？　これを計算することにしましょう。

状況をもう一度まとめておきます。

- 1週間に15件訪問し、都度新サービスの提案をする

- 新サービスを契約してもらえる確率は20％
- 1週間（15回の訪問）で5件以上の契約が獲得できる確率を知りたい

ということになります。

15回訪問するので、そのうち成功する回数は左の表のように0回から15回までのどれかになります。

また成功する回数がわかれば、失敗する回数は、「15回－成功の回数」になります。それも表に加えておきましょう。

	A	B
1	成功回数	失敗回数
2	0	15
3	1	14
4	2	13
5	3	12
6	4	11
7	5	10
8	6	9
9	7	8
10	8	7
11	9	6
12	10	5
13	11	4
14	12	3
15	13	2
16	14	1
17	15	0

■「組み合わせ」を計算する

いま「5件以上」成約する確率を知りたいのですが、まずは「ちょうど5件」成約する時の確率を考えてみましょう。

全部で15回訪問するうちのどの5回で成功するかの、そのパターンは幾通りもあることになります。これには「組み合わせ」の計算方法を確認しておく必要があります。15回のうちのどの5回で成功するかのパターンの数は、高校数学では「$_{15}C_{5}$」（このCは「組み合わせ」の英語Combination《コンビネーション》の頭文字）と表記します。

これにはエクセルでもCOMBINという関数が用意されていて、15回のうちどの5回で成功するかのパターンの総数を計算したい場合は、「=COMBIN(15,5)」と入力すればOKです。これを実行すると、3003と答えを返してくれます。

なぜこのような結果になるかの理由は少し複雑なのですが、説明しておきます。イメージしやすいよう、15人の中から代表5人を選ぶパターンが全部で何通りあるのかというケースを想定してみます（これは、15回のうちどの5回で成功するかの総数と同じになります）。

まず、1人目の代表を決めます。これは15人のうちどの人を選ぶかで15通りです。次に2人目の代表を決めます。これは残りの14人の中から1人選ぶので、14通りです。同様に

３人目が13通り、４人目が12通り、５人目が11通りとなります。

ということは、５人目まで順番に選んだ場合の５人の選び方は、15×14×13×12×11＝36万３６０通りになるはずです（１人目の15通りそれぞれに対し２人目が14通りあり、そのそれぞれに対して３人目が13通りあり……となるので、すべて掛けることになります）。ただ、今は「順番をつけて」選んでいます。代表に選ばれたこの５人には実際は順序はありませんので、その条件を排除する必要があります。

そこで選ばれる５人が決まった場合、その５人の順序が何通りあるかを考えます。これは５人を順番に並べる並べ方が何通りあるかを考えることになります。１人目が５通り、２人目が４通り、３人目が３通り、４人目が２通り、５人目が残りの１通りなので、それらを掛けた５×４×３×２×１＝１２０通りがその答えです。

先ほどの15×14×13×12×11通りでは順序が考慮されていました。その順序を排除するには、５×４×３×２×１通り分の重複をキャンセルする必要があります（15×14×13×12×11通りの中には、５×４×３×２×１通りごとに、順序は違うが同じ人が選ばれた場合が含まれているわけです）。すなわち、15人の中から順番を問わず５人選ぶ選び方は、

（15×14×13×12×11）／（5×4×3×2×1）通り

という計算で出せることになります。実際に計算すると３００３通りと出ます。

今回のケース「15回のうちどの5回で成功するか」の総数もまったく同じ計算です。結果も同じく３００３となります。１９５ページの結果と一致しますね。

15回のうちどの5回で成功するかのパターンは、なんと３００３通りもあるんです。

では、次に移りましょう。5回成功したということは裏を返せば10回失敗しています。

いま成功する確率が20％（０・２）でしたので、失敗する確率は１００％−20％＝80％（０・８）となるはずです。

ところで、連続して起こる場合の確率を考えたい時、確率を掛けることで計算できます。

たとえば、３回連続で成功する確率は、０・２×０・２×０・２（＝０・００８）になります。

し、この３回が「成功」→「失敗」→「成功」となる確率は、０・２×０・８×０・２（＝０・０３２）となります。これを15回まで拡張しても考え方は同じです。

仮に２回目、７回目、10回目、12回目、13回目にそれぞれ成功（それ以外は失敗）する

確率を計算するには、成功と失敗の確率を順に掛けることで、

0・8×0・2(2回目)×0・8×0・8×0・8×0・8×0・2(7回目)×0・8×0・8×0・8×0・2(10回目)×0・8×0・2(12回目)×0・2(13回目)×0・8×0・8

という式で表わされ、これを計算すると、0・000003436となります。

そして、15回のうちどの5回で成功するかのパターンは、このケースを含めて全部で3003通りあるのでした。つまり、先ほどの確率に3003を掛けることで、ちょうど5回成功する確率が計算できるわけです。実際に計算すると、

0・000003436×3003=0・1031……

となります。

と、少し長くなりましたが、いよいよ、エクセルを使った操作方法を確認しましょう。

超便利！

エクセルを使った「確率」の計算

1 まず、C列に「組み合わせ」を表示します。たとえば15回のうち5回成功するパターンが何通りあるかを計算する場合、C11のセルに「=COMBIN(15,A11)」とすればOKです。

なおここでは、あとでオートフィルでコピーすることを見越して、成功回数の5回はA列を参照するように設定しています。

C11 =COMBIN(15,A11)

	A	B	C	D
1	訪問回数	15		
2	成功確率	0.2		
3	失敗確率	0.8		
4				
5	成功回数	失敗回数	組み合わせ	確率
6	0	15		
7	1	14		
8	2	13		
9	3	12		
10	4	11		
11	5	10	3003	0.10318229
12	6	9		
13	7	8		
14	8	7		
15	9	6		
16	10	5		
17	11	4		
18	12	3		
19	13	2		
20	14	1		
21	15	0		
22				

❷ 次に、D11で確率を計算しましょう。

先ほどの例のように、5回成功で10回失敗する確率は、結局0.2（成功する確率）を5回と0.8（失敗する確率）を10回掛けることになります。そして、パターンの総数である3003を掛けてやります。

0.2を5回掛けることを、数学で「0.2の5乗」と表現します。これをエクセルなどのコンピュータでは、「0.2^5」と書きます。

これで準備が整いました。D11に入力する式は、「((成功確率)^(成功回数))*((失敗確率)^(失敗回数))*(組み合わせ)」となります。つまり、「=($B$2^A11)*($B$3^B11)*C11」と入れます。

なお、B2とB3は固定したいので、絶対参照にしておきましょう。

❸ そしてエンターキーを押すと、0.1031……という先ほどと同じ結果が出力されるはずです。

成功回数5回の確率が計算できれば、あとはそれ以外のセル（C列とD列）をすべてオートフィルでコピーしましょう。

完成したものが次のページの表です。

D11 =($B$2^A11)*($B$3^B11)*C11

	A	B	C	D	E
1	訪問回数	15			
2	成功確率	0.2			
3	失敗確率	0.8			
4					
5	成功回数	失敗回数	組み合わせ	確率	
6	0	15	1	0.03518437	
7	1	14	15	0.1319414	
8	2	13	105	0.23089744	
9	3	12	455	0.2501389	
10	4	11	1365	0.18760417	
11	5	10	3003	0.10318229	
12	6	9	5005	0.04299262	
13	7	8	6435	0.01381906	
14	8	7	6435	0.00345476	
15	9	6	5005	0.00067176	
16	10	5	3003	0.00010076	
17	11	4	1365	1.145E-05	
18	12	3	455	9.542E-07	
19	13	2	105	5.505E-08	
20	14	1	15	1.9661E-09	
21	15	0	1	3.2768E-11	
22				1	

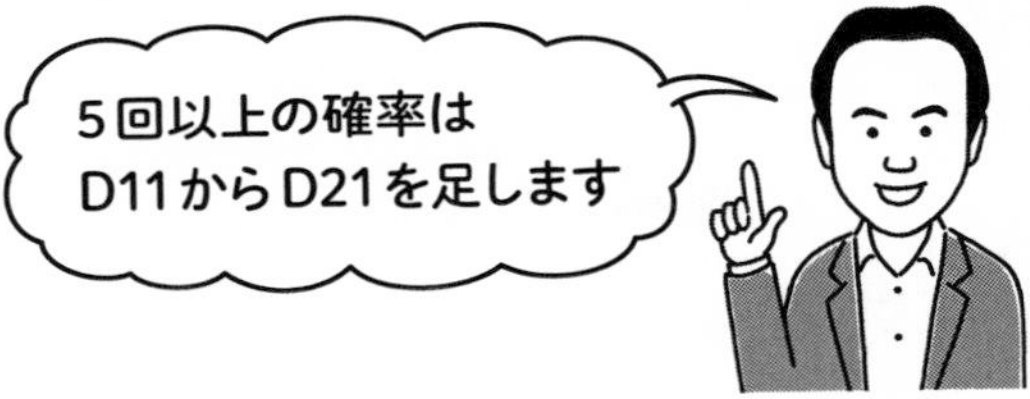
5回以上の確率は
D11からD21を足します

なお、たとえばD17にある「E－05」というのは、「10のマイナス5乗」という意味です。「10のマイナス1乗」とは0・1のこと、「10のマイナス2乗」とは0・1を2回掛けた0・01のことを意味しています。そして「10のマイナス5乗」とは、0・1を5回掛けた0・00001のことです。つまりD17の「1・145E－05」とは、

1・145×0・00001＝0・00001145

のことを表わしています。いずれにせよ、ほぼ0です（笑）。

また、成功回数は0回から15回の必ずどれかになるはずです。なので、D6からD21までの確率をすべて足すと1になります。SUM《サム》関数を使って確かめてみるとよいでしょう（セルD22）。

さあ、では最初に知りたかったのは、「5回以上成約する確率」です。「5回以上」なので、D11からD21までの確率をすべて足せばOKですね。

ＳＵＭ関数などを使って実際に計算すると、０・１６４２……（＝約16・４％）と計算できます。これが今回知りたかった結論ということになります。

つまり６週間に１回ぐらいの確率で、週に５件以上成約できる嬉しい週がくるわけですね。


このように確率や統計の技術を使うことで、自分の行動が明確になります。今回は説明のために少し難しい数学の計算を補足しましたが、実際はエクセルでの操作方法を知っておけば十分です。

Ｔさんも、「これまでどおりやれば、理論上は６週に１回は５件以上の契約が獲得できる」という「事実」を確認できることで、仕事をする上でのモチベーションアップにつながるでしょう。余計なことを考えずに目の前の１人１人のお客様に真剣に向き合えるはずです。

■成功か失敗かの「二項分布」

なお、今回の分析は「**二項分布**」と呼ばれるジャンルになります。

この「二項」というのは、「成功か失敗か」という2つの結果のどちらかになる状況、ということを意味しています。

そして「分布」というのは、成功回数が0回から15回までのそれぞれの確率の散らばりの様子、という意味です。

実際、先ほどのD6からD21までの確率の分布をグラフにすると、下のようになります。

作り方は簡単で、D6からD21までのセルを選択して「棒グラフ」を設定するだけです。

このようにグラフにすると様子がよくわかりますね。一番確率が高いのは、成功が3回になる時、次いで2回、次に4回、ということもひと目でわかります。

この分布を目安にしながら、毎週の自分の成績と比較するような使い方をしても面白いかもしれません。

成功回数と確率

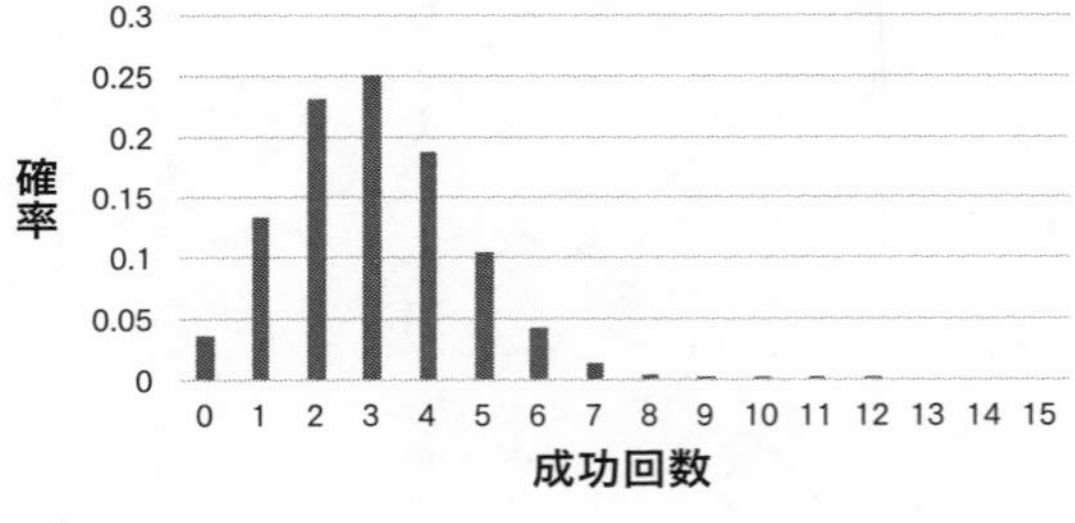

アンケートから睡眠時間の平均値を推測する

Oさんはある寝具メーカーの商品開発部門に勤務しています。

昨今のコロナ禍による生活様式の変化にともない、睡眠の環境も変化していることが予想されています。そのため、Oさんが勤める会社では、現代人の生活にマッチした枕の新商品開発を進めているところです。そこで、日本人の平均睡眠時間の最新データをリサーチすることになり、広くアンケートを実施することにしました。

対象は、メインユーザーである30代から50代の男女で、アンケート調査の結果、ちょうど900件のデータを得ることができました。

得られた900件の睡眠時間のデータについて、その平均値と標準偏差（標準偏差は113ページで詳しく説明しています）を計算したところ、平均睡眠時間は412分（6時間52分）、標準偏差は45・50分という結果が得られました。このデータから、同年代の日本人「全体」の睡眠時間の平均値は何分と推定されるでしょうか？（なお、これらの数値

は架空のものです）

得られた睡眠時間のサンプルの数（９００件）は、日本中に住む30代から50代の人数に比べれば極端に少ないといえるでしょう。こんなに少ないサンプルで本当にすべての30代から50代の人の睡眠時間が推測できるのでしょうか？

実は、統計学の理論を使えば、かなり正確に全体の睡眠時間を推測（正確には、統計学では「推定」といいます）することができるのです。

私たちがよく知るところでは、テレビの視聴率調査があります。

２０２２年現在、日本全国には約５６００万世帯がありますが、実際に調査されているのは約１万世帯です。この割合は、全世帯のたった０・02％です。ところが統計学の理論では、このサンプルだけで十分信頼できる結果が得られるとされています。

■結論を「推論」する

睡眠時間の分析に戻りましょう。９００件のサンプルの平均が６時間52分（４１２分）

だったということは、調べたい日本全体の平均睡眠時間もおそらくこれに近い値になるだろう、と考えるのが自然でしょう。

とはいえ、さすがにこのデータから「全体の平均は6時間52分（４１２分）である」と断定するのには無理があります。

そこでどう考えるかというと、「おそらくここからここの間にあるでしょう」という、幅を持たせた結論の出し方をするのです。統計学で「**区間推定**」と呼ばれる考え方です。

ここで次の２つの疑問にぶつかります。

【疑問１】「ここからここの間」の数字はどうやって出すのか？
【疑問２】あいまいな「おそらく」という表現を数値化できないか？

全体の平均も、基準はサンプルの平均値である４１２分です。そして、ここからどれくらいまで離れた中に入っている可能性があるか、を考えます。それが次の式です。

1・96×(サンプルの標準偏差／√(サンプル数))

ここで唐突に「1・96」という数字が出てきました。実はここが統計学の「肝」になるのですが、これについては後ほど詳しく説明することにしましょう。

「サンプルの標準偏差」と「サンプル数」はわかりますね。それぞれ、45・50と900です。

そして、この式はどんな背景から出てきたのか疑問に思う人もいるでしょう。これについてはかなり込み入った統計学の話になってしまい、本書の本来の目的である「ビジネスで使える」という趣旨からだいぶ逸れてしまいます。ですので、本書では深入りはせずに、使い方だけお伝えすることにしておきたいと思います。

この式に「サンプルの標準偏差」と「サンプル数」を当てはめてみましょう。すると、

1・96×(45・5／√900)

となります。√900とは、2乗して900になる数のことでした。30×30＝900な

ので、$\sqrt{900}=30$です。つまり、

$$1.96\times(45.5/30)$$

となり、これを計算すると、約2・97分という結果になります。およそ3分です。

これは、「全体の睡眠時間の平均値は、サンプルの平均値である412分からプラスマイナス3分の誤差の範囲の中にある」ことを意味しています。

つまり、今回のアンケート調査から、日本全体の30代から50代の睡眠時間の平均値は、「おそらく409（412－3）分から415（412＋3）分の間にある」というように結論づけられるわけです。これで先ほどの【疑問1】が解決されました。これだけ狭い範囲まで限定できるのは、ある意味すごいですよね。これが統計学の力です。

■「信頼区間」と「正規分布」について

ただ、まだ【疑問2】が解決されていません。それは、「おそらく409分から415分

の間」のこの「おそらく」って具体的な数値で表わせないの？　という疑問です。

実はこの答えが、先ほどの謎の数1・96とも関連してきます。この「おそらく」は、「95％の確率で」という明確な数値で表わすことができます。

つまり「おそらく」という言葉を使わずに結論を書くと、「95％の確率で、全体の睡眠時間の平均値は409分から415分の間にある」と書くことができます。

これを統計学では「**95％信頼区間**」といいます。**「95％信頼区間」とは、「アンケートを100回取った場合、そのうち95回は全体の平均値が409分から415分の間に入るが、残りの5回は外れることがある、それぐらいの信頼度」**という意味です。

確率に絶対はありません。そして統計学も確率の上に成り立っています。ですので、外れることも頭の片隅に入れながら、結果を扱う必要があります。

この95％という数字の根拠は何か？　と思う人もいると思います。この質問に対する答えは、95％信頼できれば十分であろう、という考え方に基づいています。

実は信頼区間は、90％や99％といったものを考えることもあります。もちろん、それぞれで違った結果になります。その場合には、先ほどの1・96の数が変わってきます。ただ、慣習上、95％で考えることが多いというだけです。

この1・96という数と95％の結びつきの背景には、**「正規分布」**の存在があります。**正規分布とは、成人の身長や雨粒の大きさなど、自然界や社会で多く見られる下のような分布**のことをいいます。平均値をとるものが最も多く、平均値から離れるにつれてその発生確率が次第に小さくなるような形状をしています。

同じことを多くの回数行なうと、その分布は正規分布になります。たとえば2個のサイコロを同時に投げる操作を数多く行なうと、その目の平均値は正規分布に近くなります。今回のアンケートについても、多くの数のアンケートを取ると、その分布は正規分布に近くなる、と考えることができます。

そして正規分布では、すべてのデータのうちの95％が、実は平均

正規分布

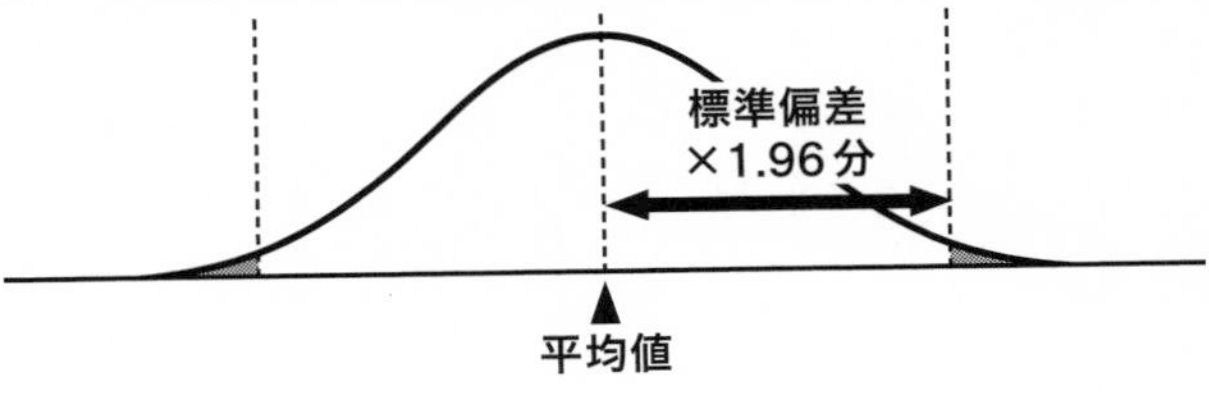

から「標準偏差×1・96」だけ上下に離れた中に入ると計算されています（この計算はかなり高度な数学を要しますので、割愛します）。これが、1・96という数字の正体です。

このようにして、Oさんは新しい生活様式の中での睡眠時間の平均値を知ることができました。これを今後の商品開発に活かしていくことでしょう。

あなたも自身の仕事の中で顧客の生のデータを入手するにあたり、アンケートを取る機会がおそらくあるでしょう。ただ、そのデータをどこまで分析できているでしょうか？

そのときに、ぜひ今回の手法を使ってみてください。改めて計算式を示しておきます。

（サンプルの平均からの幅）＝１・９６×（サンプルの標準偏差／√サンプルの個数）

なお、正規分布の説明でも触れたとおり、今回の手法はサンプルの数が十分に多くある必要があります。

「十分」というのが具体的にいくつ以上かについては、明確なラインがあるわけではないのですが、100個以上のサンプルがあれば大丈夫、と思ってもらってよいでしょう。

アンケートで「はい」と答えた人の比率を推測する

前の項では、アンケート結果から睡眠時間の平均値を推測しました。

ここでは、「はい or いいえ」のように二者択一で答えられるようなアンケートで、「はい」と答えた人の割合を推測するようなケースを考えてみましょう。

Sさんは飲料メーカーに勤めています。今回新商品をリリースしたところ、販売促進の効果もあってか、順調な滑り出しとなりました。

そこで、発売から3か月が経過し、消費者にどの程度気に入ってもらえているか調査すべく、すでに新商品を飲んだ消費者に対しアンケートを実施しました。

アンケートの質問は次のようなものです。

【今回の新商品を友人や家族に勧めたいですか？「はい」か「いいえ」でお答えください】

アンケートの結果、３７１件の回答結果は次のようなものでした。

【はい：83%、いいえ：17%】

■割合を計算する

ここから、この商品を買った集団「全体」で「家族や友人に勧めたい」人の割合は何%と考えられるでしょうか？

今回も前回同様、「95%の確率でこの区間に入る」という前提のもとで、信頼できる幅を計算していきましょう。

計算式は次のようになります。

（サンプルの結果からの幅）

＝1・96×√(（サンプルの割合）×（1－サンプルの割合）／サンプルの数)

ここでの1・96は先ほど説明したものと同じ数字です。√（ルート）の中の「サンプルの割合」とは、アンケート結果である83％（0・83）が入ります。また「サンプル数」は371ですね。

この計算式についても、成り立ちの背景は専門書に委ねるとして、今回はこのまま使わせてもらうことにしましょう。

それぞれの数値を当てはめると、次のようになります。

1・96×√(0・83×0・17／371)

となります。√（ルート）の中を計算すると、

0・83×0・17／371＝0・000380……

となります。これの√を計算すると、

$\sqrt{0.000380\cdots\cdots} = 0.0195\cdots\cdots$

となり、これに1・96を掛けた、

$1.96 \times 0.0195 = 0.038\cdots\cdots$

が計算結果になります。

これを％表記にすると、3・8％となります。これがアンケートによって得られた結果からの幅になります。

つまり、アンケートによって得られた83％から前後3・8％以内である「83－3・8以上83＋3・8以下」、すなわち「79・2％以上86・8％以下」が今回の結果となります。

これも先ほどと同じで、95％の確率で全体の「勧めたい」人の割合がこの区間に入るということを意味しています。

この結果に対し、「もっと幅を狭くした結果がほしい」という場合は、アンケートの数をさらに増やすことで、この範囲を狭くすることができます。

■推測の精度を高める

たとえばさらにアンケートを追加し、件数を合計で938件集めたとしましょう。アンケートの結果は通常は変化しますが、考えやすくするため、今回はたまたま同じ結果【はい：83%、いいえ：17%】になったとしましょう。この結果を使って先ほどと同じように計算すると、

1・96×√(0・83×0・17／938)＝0・024……（約2・4%）

となります。アンケート結果の前後にこの幅を持たせることで、今回の結果の範囲は、「83－2・4以上83＋2・4以下」、すなわち「80・6%以上85・4%以下」ということになります。この結果は、先ほどの「79・2%以上86・8%以下」より確かに狭くなっているのが確認できます。

ただ、こうした割合の推定でも、サンプルはある程度の数（１００以上が目安）が必要ですので、そこは注意しておいてください。

前項では平均の範囲を計算し、今回は比率の範囲を計算しました。このような統計学の分野を「区間推定」といいます。

ただ、今回紹介したのはほんの一例で、統計学には他にも多くの分析手法が存在します。たとえば統計検定２級以上に合格するレベルになると、他にも習得すべき手法がいくつかあります。今回の話を「面白そう！」と思ってもらえたなら、ぜひチャレンジしてみてください。より深く統計学が理解できるでしょう。

とはいえ、ここに紹介したことができるだけでも、ビジネスの現場では十分活用できるはずです。これから積極的に使ってもらえればと思います。

おわりに

本書の原稿を書き終えようとしていた頃、ＡＩに関するいくつかのニュースが目に飛び込んできました。

１つは、いわゆる「食品ロス」を減らそうと、大手コンビニチェーンや飲食チェーンがＡＩを活用して需給の最適化を進めている、というものです。販売予測、入荷計画、天候予測などのデータをもとに、値引き額をＡＩで計算することで、食品ロスの削減に成功した、と書かれてありました。

今はまだ試験段階のようですが、今後この流れは食品業界だけでなく、他の多くの業界でもスタンダードになっていくことは想像に難《かた》くありません。

そしてもう１つが、対話型ＡＩの「Ｃｈａｔ《チャット》ＧＰＴ」の登場です。ネットやＳＮＳ上でもかなり話題になったので、試してみたという方もいらっしゃるのではないでしょうか？

これは簡単にいうと、こちらの発言・質問・提案に対し、ＡＩが適切な回答を返してくれる、というものです。もちろん１００％正確な返答が得られるわけではないのですが、かなり精緻《せいち》で的確な回答をＡＩが返してくれます。

こうなると、ＡＩが私たちの生活に本当の意味で入り込んでくるのも、そう遠くない未来かもしれません。ひいては個々人によってＡＩとの関わり方に大きな差が生まれてくるでしょう。

「ＡＩが全部やってくれるから」という丸投げの姿勢も１つの選択かもしれません。ただ、どのようなプロセスでそのような結果になるのか、何を根拠にその結果が導き出されたのか、その背景を知ることや推測できることは、今後ＡＩとうまく付き合う上で大変重要になってくる、と私は考えます。

本書では、実際のビジネスに使われている数学、ビジネスの質をより高めるための数学を数多く紹介してきました。この中には、今は人間が操作しているものでも、今後ＡＩなどに取って代わられていくものもあるでしょう。

ただ、ビジネスをする主体はあくまでも私たち人間です。ＡＩはあくまで道具です。その道具について、使い方を単に知っているだけでなく、その成り立ちを知っておくことは、AI時代に突入しようとする現代において、非常に価値の高いビジネススキルだと思うのです。

それは「数学的な視点」、「数学的な思考」と言い換えてもよいでしょう。これは単純な知識のみならず、感覚的なものも含みます。本書で述べたような視点を多く持つことで、「数学的感覚」とも呼ばれるものが、その人の血肉になっていきます。これがまさしく、本書で私が伝えたかったこと、読者の皆さんに感じてもらいたかったものです。

本書は数学の本でありながら、可能な限り数式を排除しました。特に文字式は極限まで減らし、なるべく具体的な数値と文章での説明を心がけました。

それは、数学に親しい人だけでなく、むしろ数学から遠ざかっていた人にこそ「数学」を伝えたかったからに他なりません。途中やや難解な箇所があったかもしれませんが、この私の意図が多くの「数学アレルギー」を持つ方に届いていれば、大変嬉しく思います。

本書は、ある意味で私自身のチャレンジでもありました。これは、私1人では到底成し遂げられるものではありませんでした。

私の企画に光を当て、世に送り出してくださった小学館ポスト・セブン局の関哲雄編集長、この企画を種の段階からここまで育ててくださったブックリンケージの中野健彦さん、私の数学ガチガチの拙い文章を読者の方々にわかりやすく伝わるよう整えてくださった深谷恵美さん、私の出版をいつも後押ししてくださるネクストサービスの松尾昭仁さん、大沢治子さん、関わってくれたすべての方にこの場を借りて改めて御礼申し上げます。

そして、いつも私を支えてくれている多くの仲間、私のわがままをいつも温かく見守り励ましてくれる家族にも、心からお礼を伝えたいと思います。

最後に、本書を手に取ってくださった読者の皆さま。この本が、あなたの「数学観」を深める1冊になっていれば、筆者としてこれほど嬉しいことはありません。それを願いつつ、筆をおきたいと思います。

鈴木伸介

２０２３年３月

鈴木伸介［すずき・しんすけ］

1979年、奈良県生まれ。株式会社数学アカデミー代表取締役。おとなのENJOY！数学クラブ主宰。中小企業診断士。早稲田大学理工学部卒。医学部受験に特化した数学マンツーマン指導事業を中心に、企業を対象にした数学リテラシー向上研修やデータ分析コンサルティング事業を行なう。さらに一般向けに数学的思考を伸ばすセミナーや講演を多数開催。数学の価値・楽しさ・使い方を広く伝える活動を行なっている。数学のコラムやパズルなどの執筆も多数。著書に『もう一度解いてみる入試数学』（すばる舎）がある。

企画協力：松尾昭仁（ネクストサービス）
プロデュース：中野健彦（ブックリンケージ）
DTP：久保洋子
イラスト：にしだきょうこ（ベルソグラフィック）
編集：関 哲雄（小学館）
編集協力：深谷恵美

AI時代に差がつく
仕事に役立つ数学

二〇二三年四月五日　初版第一刷発行

著者　鈴木伸介
発行人　三井直也
発行所　株式会社小学館
〒一〇一－八〇〇一　東京都千代田区一ツ橋二ノ三ノ一
電話　編集：〇三－三二三〇－五九五一
　　　販売：〇三－五二八一－三五五五

印刷・製本　中央精版印刷株式会社

Printed in Japan ISBN978-4-09-825430-9